Johannes Haller

**Die deutsche Publizistik in den Jahren 1668-1674**

Ein Beitrag zur Geschichte der Raubkriege Ludwigs XIV

Johannes Haller

**Die deutsche Publizistik in den Jahren 1668-1674**
*Ein Beitrag zur Geschichte der Raubkriege Ludwigs XIV*

ISBN/EAN: 9783743665378

Hergestellt in Europa, USA, Kanada, Australien, Japan

Cover: Foto ©ninafisch / pixelio.de

Weitere Bücher finden Sie auf **www.hansebooks.com**

# Die
# Deutsche Publizistik

in den Jahren 1668—1674.

## Ein Beitrag

zur

## Geschichte der Raubkriege Ludwigs XIV.

## Inaugural-Dissertation

zur

### Erlangung der Doktorwürde

der

## philosophischen Fakultät zu Heidelberg

vorgelegt von

# Johannes Haller

aus Reval.

**Heidelberg.**
Carl Winter's Universitätsbuchhandlung.
1892.

# Meinen Eltern.

# Einleitung.

Es ist eine naturgemäße Erscheinung, daß, wann immer die Tiefen des Volkes durch mächtige Ereignisse in Erregung versetzt waren, diese auch in zahlreichen Schriften ihren Ausdruck, ihren Niederschlag gefunden hat, und zumal die deutsche Nation verdankt dem einige Perlen ihrer Litteratur. Für jene Zeiten, in denen um die höchsten Güter des Volkslebens, um Glauben und Freiheit, gekämpft wurde, ist diese Thatsache dem Bewußtsein jedes Gebildeten längst geläufig. Die Schriften Martin Luthers, Ulrichs von Hutten, Ernst M. Arndts sind als wesentliche Merkmale ihrer Zeiten stets gewürdigt worden. Dies ist nicht der Fall für den Zeitraum, auf welchen im folgenden die Aufmerksamkeit gelenkt werden soll, für die zweite Hälfte des 17. Jahr=hunderts, für das Zeitalter Ludwigs XIV.

Zwar in thesi ausgesprochen und anerkannt ist es seit langem, daß zur Gewinnung historischer Kunde, wie zur richtigen Schätzung geistigen Lebens die Berücksichtigung jener oft umfangreichen Schriften=menge unerläßlich ist, die, ganz den Fragen des Augenblicks zuge=wendet, oft ebenso rasch vergessen, wie bei ihrem Erscheinen förmlich verschlungen wurde. Erst jüngst ist von kompetentester Seite wiederum darauf hingewiesen worden, daß die Geschichte deutschen Schrifttums hier eine Schuld gut zu machen hat,[1] und Droysen trug seinerzeit kein Bedenken, alles das, „was mit Recht und Unrecht Publizistik genannt wird, den Schätzen der Archive in mancher Hinsicht ebenbürtig zur Seite" zu stellen.[2] Dennoch ist man von der richtigen und umfassenden

---

[1] Erdmannsdörffer, Deutsche Geschichte 1648—1740, I, 583.

[2] Droysen, Zur Quellenkritik der deutschen Geschichte des 17. Jahrhunderts (Forsch. z. d. Gesch. IV, 15 ff.). Vgl. dazu die treffenden und klaren Ausführungen von R. Koser, Umschau auf dem Gebiet brand.-preuß. Geschichtsforschung (Forsch. z. brand.-preuß. Gesch. I, 11 ff.).

Ausbeutung des dort erhaltenen Stoffes noch heute fast so weit ent=
fernt wie vor 27 Jahren, als Droysen diese Worte schrieb. Man
könnte nicht einmal sagen, daß er selbst dem von ihm gegebenen Hin=
weis in wesentlichem Maße gefolgt wäre. Außer einigen gelegentlichen
Bemerkungen im 3. Bande des „Staates des großen Kurfürsten", die
aus Flugschriften entnommen sind — eigentlich nur Redewendungen —,
ist es bei dem erteilten Rat geblieben. Noch weniger dürfte v. Zwiedi=
neck=Südenhorst in seinem Streben, der Flugschriftenlitteratur gerecht
zu werden, das Richtige getroffen haben. In seiner „Deutschen Ge=
schichte im Zeitraum der Gründung des preußischen Königtums" flicht
er zwar mehrfach längere Abschnitte aus Flugblättern ein, die er
schlechtweg als Äußerungen der öffentlichen Meinung verzeichnet,[1] ohne
daß diese Schriften selbst, oder auch nur die ihnen entnommenen Sätze
planmäßig gewählt wären. Noch weniger läßt er sich darauf ein,
den Wert der einzelnen Schriften zu prüfen, und gar die Frage nach
den Verfassern schiebt er ausdrücklich beiseite.[2] Wenn man nun auch
in dieser letzteren Frage entfernt nicht beanspruchen darf, in jedem
Falle den Autor bis auf den Namen genau festzustellen, so ist es doch
unerläßlich, sich klar zu machen, welchem Ideen= und Parteikreise die
einzelne Schrift entstammt, ob sie nicht etwa bestimmte Zwecke verfolgt
und welches diese sind. Für die kritische Beurteilung ist ja auch nur
diese Unterscheidung wichtig, und es kann uns der Name des — viel=
leicht untergeordneten — Beamten weniger interessieren, dem die
Stilisierung der Gedanken seines Herrn oder Vorgesetzten übertragen
wurde. Vor allem wird man stets die Frage stellen müssen: haben
wir es mit einer spontanen Äußerung der öffentlichen Meinung zu
thun oder mit dem Versuch einer beteiligten Persönlichkeit, auf den
Leser in bestimmtem Sinne zu wirken, also öffentliche Meinung zu
machen? In modernen Ausdrücken zu sprechen: Ist die Stimme, die
wir hören, „unabhängig" oder „offiziös"? Die Untersuchung ergiebt

---

[1] 3. B. S. 320 ff. und in der Inhaltsangabe: „Die öffentliche Meinung in
Deutschland gegen Frankreich". Ihm scheint die eine Schrift soviel zu gelten
wie die andere, und daß die meisten von ihnen eine bestimmte, oft eine aus=
gesprochene Tendenz haben, ignoriert er, während doch auf der Hand liegt, daß
für die richtige Erkenntnis auch hier nur planmäßige und kritische Benutzung
Wert haben kann.

[2] Öffentl. Meinung in Deutschland im Zeitalter Ludwigs XIV. (1888)
S. 5: „Nur wenige dieser Schriftsteller sind uns dem Namen nach bekannt ge=
worden .. mir schien es nicht lohnend, ihnen nachzuspüren".

in sehr vielen Fällen unzweifelhaft das letztere; auf die Stimmung weiterer Kreise haben auch im Zeitalter absoluter Fürstenmacht die Regierungen größeren Wert gelegt, als man von vornherein glauben sollte.[1]

Die zweite Hälfte des 17. Jahrhunderts ist in der deutschen Geschichte bezeichnet durch die eine beherrschende Erscheinung des steigenden französischen Einflusses in der Politik, im geistigen wie im bürgerlichen Leben. Es liegt nahe, die Antwort auf die Frage, wie sich dem gegenüber das Bewußtsein des deutschen Volkes verhalten habe, vor allem in der Flugschriftenlitteratur zu suchen, welche ihrem Wesen nach am häufigsten diesen Gegenstand berühren muß. Nicht jedoch, als ob es genügte, eine Reihe dieser Schriften in ziemlich willkürlicher Weise zu excerpieren, möglichst viele Kraftstellen — die in Wirklichkeit vielleicht nicht viel mehr als konventionelle Phrasen sind — zu sammeln und mit ihnen die Darstellung rhetorisch zu verbrämen, zum Beweise, daß das deutsche Volk „die Herrschaft Frankreichs nicht in scheuer Knechtesdemut über sich ergehen ließ", oder daß ihm „ein starker Kaiserglaube noch im Gemüte lag".[2] Vielmehr dürfte es unerläßlich sein, die Gesamtheit des uns erhalten Gebliebenen zu berücksichtigen und innerhalb dessen festzustellen, welcher Platz und welche Bedeutung jeder einzelnen Erscheinung zukommt.

Die nachfolgenden Blätter wollen einen Versuch in dieser Richtung, wenn auch nur für einen kurzen Zeitraum, machen. Sie wollen einen Überblick über die Erscheinungen der politischen Litteratur in Deutschland, mit Beziehung auf Frankreich, während der Jahre 1668—1674 geben, d. h. von dem Zeitpunkt, wo im Revolutionskrieg und im Frieden von Aachen die Thatsache des französischen Übergewichts zum

---

[1] Für die Zeit Friedrichs d. Gr. ist es eine längst bekannte Thatsache, von welcher die vortreffliche Publikation von Koser, Staatsschriften aus der Regierungszeit Friedrichs II. (1740—56) 2 B. Berlin 1877, 1888, beredtes Zeugnis ablegt.

[2] v. Zwiedineck, Öffentl. Meinung 6. Das Prototyp dieser Art der Flugschriftenbenutzung dürfte das Buch von Rühs, Historische Entwicklung des Einflusses Frankreichs auf Deutschland (1815), sein. Im Gegensatz zu ihr steht das besonnene und kritische Verfahren, welches Peter (der Krieg des großen Kurfürsten 1870) in dem Rahmen seiner Aufgabe angewandt hat. — Es soll hier nicht unterlassen werden, auf die vielfache Berücksichtigung zu verweisen, welche für die Erforschung der französischen Geschichte die Flugschriften schon durch Ranke gefunden haben.

erstenmale greifbar hervorgetreten war, bis zu dem anderen, wo mit der Kriegserklärung des Reiches (Mai 1674) und der bald darauf folgenden des großen Kurfürsten (1. Juli) Deutschland sich zur Be= kämpfung jenes Übergewichts anschickte. Es soll gezeigt werden, was angesichts der Ereignisse in der öffentlichen Stimmung vor sich geht, welchen Ausdruck es in den Tagesschriften findet.[1] Der Vorgang ist darum von doppeltem Interesse, weil in den bezeichneten Zeitraum ein kritischer Wendepunkt fällt, von gleicher Bedeutung für die Gestaltung des öffentlichen Bewußtseins, wie für den Verlauf der Ereignisse die Friedensschlüsse von 1648 und 1659: was hier geschah, kam dort allen zum Bewußtsein, die Verschiebung des Schwerpunkts in der europäischen Politik von Habsburg zu Bourbon.

Ehe daran gegangen wird, diesen Vorgang in seinen einzelnen Phasen zu verfolgen, sei es gestattet, einige Bemerkungen über die Be= deutung der Flugschriftenlitteratur für das öffentliche Leben der Zeit, über ihren allgemeinen Charakter und ihre hauptsächlichsten Erscheinungs= formen vorauszuschicken.

---

# I. Allgemeines über die politische Litteratur in der zweiten Hälfte des 17. Jahrhunderts.

Der erste Eindruck, den wohl jeder bei Beschäftigung mit Flug= schriften aus der zweiten Hälfte des 17. Jahrhunderts empfangen wird, ist der einer ungemeinen Reichhaltigkeit dieser Gattung. Man muß mitunter billig staunen über die Masse des Gedruckten, zumal über die Anzahl verschiedener Auflagen, in denen sich die meisten dieser Schriften noch heute vorfinden. Wenige nur giebt es, die nicht wenigstens einmal neu herausgegeben oder nachgedruckt wurden, bei einzelnen kann man bis zu 11 verschiedenen Drucken zählen.[2] Nimmt man hinzu, daß immerhin einiges verloren gegangen sein mag, weil

---

[1] Auch diejenigen Schriften heranzuziehen, welche sich mit anderen Gegen= ständen befassen, hätte zu weit geführt; sind es doch die Jahre des erbitterten Monzambanostreites, der zu manchen Auslassungen über innerdeutsche Fragen Veranlassung gegeben hat.

[2] Dies die höchste bis jetzt gefundene Ziffer, welche von dem Schreiben des Königs von Schweden an die Stände des H. Röm. Reichs (1674) erreicht wird (Kongl. Bibliotekets Handlingar IV, 235. Geringere, immer noch bedeutende Auflagenzahlen ebenda passim).

man überhaupt mit derartigen Erzeugnissen des Augenblicks kaum allzu sorgsam umgegangen sein wird, weil manches der Aufbewahrung nicht wert, manches wohl auch für zu gefährlich gehalten wurde,[1] so gewinnt man eine Vorstellung von der ungeheuren Verbreitung und Beliebtheit dieser Erscheinungen. Daß mit ihnen auch ein gutes „Geschäft" zu machen war, erhellt schon aus der Thatsache der vielen Einzel= und Nachdrucke, noch mehr aus den mancherlei buchhändlerischen Unternehmungen, welche die Sammlung von Flugschriften zum Zweck hatten und zum Teil von ihrem Wiederabdruck existierten.[2] Auch vernehmen wir die Klage eines Schriftstellers über die „Gierigkeit der Buchhändler", welche seine Manuskripte ohne seine Erlaubnis und in noch unfertigem Zustande in Druck brächten,[3] und wir dürfen mit= unter, auch wo es nicht ausdrücklich bezeugt wird,[4] annehmen, daß die Veröffentlichung des Geschriebenen unbefugterweise geschehen ist.

Alles dies läßt unzweideutig erkennen, daß Schriften, die sich in einer oder der anderen Weise mit Politik und Tagesereignissen be= faßten, in jener Zeit, wo die längst vorhandene periodische Presse noch nicht über die allerdürftigste Nachrichtenverbreitung hinausgekommen war,[5] zu den geschätztesten und gesuchtesten Gegenständen des Buch= handels und der Lektüre gehörten. Es läßt weiter auf das ungemeine

---

[1] Daraus erklärt sich auch, daß die gewiß streng verpönten Schriften der französischen Agenten und Parteigänger nur recht spärlich erhalten sind. Manche, die kennen zu lernen gewiß von großem Interesse wäre, waren bisher nicht zu erlangen; so z. B. die mitunter erwähnten Traité de la monarchie universelle 1671 und 1672 (s. Weller) und L'intérêt de l'Allemagne en général et en particulier, 1668 (ebenda). Von derartigen Verlusten sind die eigentlichen Flug= schriften viel weniger betroffen worden als die Flugblätter und populären Gedichte, von denen wohl der größere Teil untergegangen ist.

[2] So vor allem das Diar. Europ., — auch die Acta publica von Lundorp; - weniger das Theatr. Europ., das seiner ganzen Anlage nach für Aufnahme längerer Schriften nicht geeignet war. Endlich fand sich auch eine kleine Samm= lung, deren Aufgabe nur darin bestehen sollte, die wertvolleren inzwischen er= schienenen Flugschriften von Zeit zu Zeit aufs neue herauszugeben, unter dem Titel: „Vielerhand Merckwürdige Tractätchens / Von dehnen vornehmsten Händeln` der Welt / Des Jahrs 1672. und 1673. . . Erster Theil. Gedruckt im Jahr 1673." klein 8º. (Götting.) Ob die versprochene Fortsetzung erfolgte, ist mir unbekannt geblieben.

[3] Lisola im Dénouement, f. Beil. VIII.

[4] Wie z. B. von Leibniz geschieht. Klopp I, 322.

[5] S. darüber Opel, Die Anfänge der deutschen Zeitungspresse (Archiv für Gesch. des deutschen Buchhandels III, besonders S. 265).

Interesse weitester Kreise an den Begebenheiten der Politik, ja auf ein gewisses Bedürfnis in dieser Richtung bei der großen Menge schließen. Den stärksten Umfang nimmt dies naturgemäß bei dem freien Volke der Vereinigten Niederlande an, zumal in solchen Zeiten, von denen es heißt, daß „ein jeder gedachte, daß er zur Erhaltung seines Guts und Bluts ebensowohl mitsorgen müßte, als die Regenten", wo „ein jeder seine herzliche Meinung ungescheut heraussagte, gedenkende, daß man in einer freien Republik auch eine freie Zunge haben müßte".[1] Wie große Aufmerksamkeit man an höchsten und maßgebenden Stellen der politischen Litteratur zuwandte, zeigen die Gesandtschaftsberichte auf Schritt und Tritt, indem sie das Erscheinen sensationeller Schriften mitteilen, über deren Inhalt Anzeige erstatten, auch wohl ein Exemplar zur Kenntnisnahme übersenden. Besonders am Reichstag pflegten die neuesten Erzeugnisse dieser Art viel bemerkt und verbreitet zu werden. Die Regensburger Diplomatengesellschaft scheint selbst nicht Unbedeutendes im Verfassen von Spottschriften, Epigrammen u. ä. geleistet zu haben. Diese gingen dann abschriftlich im ganzen Kreise von Hand zu Hand und wurden mit Eifer gelesen, um so mehr, wenn sie ein Glied der Gesellschaft selbst betrafen. In einer Satire auf den Reichstag[2] treibt der kaiserliche Kommissar die Gesandten aus, „die da Zeitungen kauften und verkauften und von frembden, liderlichen, unnützen Sachen discurrirten". Aber auch manche ernste Staatsschrift wurde dort zuerst in Umlauf gesetzt, um erst nachher an die Öffentlichkeit zu gelangen.[3]

Doch war auch in Deutschland die Teilnahme an derartigen Hervorbringungen keineswegs auf die diplomatischen oder überhaupt auf die höheren Kreise beschränkt. Vielmehr hören wir ausdrücklich, „man könnte mitunter sogar die Bäuerlein sehen, wie sie die Neuen Zeitungen läsen oder sich vorlesen ließen".[4] Danach dürfen wir uns

---

[1] Valckenier, Verwirrtes Europa I, 355.

[2] S. unten S. 36, Anm. 1.

[3] Im Generallandesarchiv zu Karlsruhe befindet sich ein starkes Faszikel von Flugschriften, Flugblättern, Epigrammen und Spottversen aller Art, die meisten abschriftlich, wenige gedruckt, unter der Bezeichnung: Reichs Sachen, in specie Vnterschiedliche Bey dem Reichstag Zu Regenspurg spargirte Scripta, Pasquillen vnd dergl. Joco-Seria: 1665 usque 1672. Die einzelnen Stücke, deren Veröffentlichung im Druck nicht immer feststeht, sind leider meist unbatirt.

[4] Discursus de Novellarum quas vocant Neue Zeitunge hodierno usu et abusu. Auctore Ahasvero Fritschio. Jenae, Sumptibus Bielckianis. Anno

also das Publikum der Flugschriften kaum groß genug vorstellen, wenn auch festzuhalten ist, daß in dieser, wie in jeder andern Hinsicht wesentliche Unterschiede zwischen den einzelnen Gattungen der Tages= litteratur bestanden haben. Der ursprünglich lateinisch oder französisch geschriebene Traktat hat gewiß nicht denselben, oder auch nur einen ebenso großen Leserkreis gefunden wie das mit plumpem Holzschnitt ausgestattete volkstümliche Spottgedicht. Schon allein die Sprache, noch mehr der Inhalt, macht hier den Unterschied. Jedoch ist nicht zu verkennen, daß die Zahl der deutsch geschriebenen Sachen die la= teinischen und französischen übertrifft, ja daß die letzteren in den deutschen Uebersetzungen, die sie immer und oft mehrfach erfuhren, mögen sie auch noch so elend gewesen sein, stets eine ungleich größere Verbreitung gefunden haben, als die fremdsprachigen „Ursprungs= aufsätze“. Die Nation bevorzugte naturgemäß die deutschen Ausgaben; es ist anzunehmen, daß in dieser Form die Schriften ihre eigentliche Popularität gefunden haben — wenn anders diese überhaupt erworben wurde —, somit wird es sich rechtfertigen, daß im folgenden, soweit irgend möglich, die beste deutsche Übersetzung den Anführungen zu Grunde gelegt werden wird; um so mehr, als manche derartige Schrift von vornherein in mehreren Sprachen erschienen ist, die Frage der Priorität dieser oder jener Fassung also keine Bedeutung hätte.

Zweifellos die größte Verbreitung, weil dem allgemeinsten Be= dürfnis entgegenkommend, haben wohl die sogenannten Relationen (auch „Copia Schreibens“ oder „Extract Schreibens“) gefunden. Den öffentlichen Nachrichtendienst, ganz entsprechend den heutigen telegraphischen Depeschen, versehend, erscheinen sie ohne regelmäßige

<hr>

M DC LXXVI. 6 Bl. 4°. (Götting.) Ein höchst geistloses, beschränktes Schriftchen, begnügt sich mit sehr philiströsen Urteilen und geht vor allem auf häufiges Citieren aus. In der Praefatio heißt es: «Nihil frequentius hodie inter homines, quam quaerere, audire et recensere nova. Omnes fere anguli perstrepunt novellarum, non raro fictitiarum narrationibus ac vanitatibus». Die Deutschen seien derzeit in der Sucht nach Neuem den Athenern und Galliern sehr ähnlich geworden. Täglich wollten sie Neues erfragen, hören, erzählen. An diesem Fehler litten die Menschen jedes Geschlechts, aller Stände und aller Lebensstellungen. «Ipsos etiam rusticellos nonnumquam vel legere novellas, vel legentibus studiose auscultare videas. Quin nonnulli adeo anxie curiosi ac avidi novellarum, ut eas et in templis inter sacra, in curiis inter graviores occupationes legere vel audire non vereantur.» — Ein ähnliches, wiewohl offenbar übertreibendes Urteil aus d. J. 1679 bei Koser, Staatsschriften Bd. I, p. XXXIV.

Aufeinanderfolge, werden zahlreich, so oft etwas Sensationelles vorfällt, eine Schlacht, eine Belagerung oder dgl., erzählen im schlichtesten Be=richterstatterton die nackten Thatsachen, höchstens bei Ausmalung von Kriegsgreueln verweilend. Zahlreich sind sie in die Sammlungen des Theatrum und Diarium Europaeum übergegangen, deren Grundstock sie vielfach bilden. Alles deutet darauf hin, daß sie ihre Entstehung einem durchaus geschäftsmäßigen Betriebe verdankten. Die Verfertiger gehören wohl meist jener eigentümlichen Zwischengattung von Spion und beglaubigtem Vertreter an, die unter dem Titel von „Agenten" irgend einer Macht sich an allen Mittelpunkten der Politik aufhielt und für die Verbreitung von Nachrichten die geeignetsten Persönlich=keiten bot.[1]

Hieraus erklärt sich schon, warum diese Relationen fast durch=gängig eine unverkennbare Parteifarbe zeigen. Sie sind eben nichts weniger als unabhängig. Für die Nachrichten, welche in Deutschland über die Kämpfe der Alliierten im Elsaß während des Winters 1674/5 verbreitet wurden, hat man den Ursprung in den Hauptquartieren selbst nachweisen können.[2] Auch daß man die Verbreitung mitunter unwahrer Nachrichten zu politischen Zwecken verwerten könne, war damals bekannt;[3] sogar das erste derartige Börsenmanöver ist in jener Zeit gemacht worden.[4]

Mitunter wird eine Reihe gleichzeitiger Relationen aus ver=schiedenen Orten zu einem Ganzen vereinigt, wie in den an wertvollen Nachrichten reichen, witzig und geistreich geschriebenen Erzählungen des „Götterboten Mercurii" (1674 und wiederholt fortgesetzt).[5] Auch hier

---

[1] S. Droysen, Forschungen IV, 24. — Auch die offiziellen Gesandten ließen sich die Verbreitung von Relationen und anderen Flugschriften angelegen sein, wie z. B. die Berichte des kaiserl. Residenten Kramprich im Haag um 1673 öfters zeigen. (Wien. Arch. Hollandica.)

[2] Peter, Krieg des gr. Kurf., S. 185, 219, 238, 245, 246, 292 u. 335 in den Noten.

[3] Über eine derartige „Lügenzeitung" s. Urk. und Akt. z. Gesch. des gr. Kurf., XIII, 646.

[4] Von Lisola in Amsterdam im März 1673, s. Großmann, Die Amsterdamer Börse vor 200 Jahren, 1873.

[5] Der Verkleidete Götter-Both / Mercurius ... Gedruckt im 1674sten Christ-Jahr. 3 Bl. u. 88 S. 4°. Fortf.: 1674 (2 Ausg.), 1675 u. 1677. Ähn-lich: Neuer Friedens-Currier in's Teutsche übersetzet[?] Welcher fürbringet / was allenthalben .... discurriret wird / .. Im Jahr Christi 1673. 36 Bl. 4°. (D. E. XXVII App.) S. Beilage IX.

nur Referat, Urteile höchstens in Form der Wiedergabe einer land=
läufigen Ansicht, des Geredes der Leute; mitunter dadurch um so
wertvoller, zuweilen ganz unschätzbar.

Natürlich war es schon damals nicht immer ratsam, die volle
Wahrheit zu sagen, selbst wenn man sie wußte. „Wer die Wahrheit
geigt, dem schlägt man die Fiedel um den Kopf", heißt es einmal.[1]
Auch größere Wahrheitsliebe als heute scheint man den damaligen
Zeitungsschreibern nicht zugetraut zu haben. „Mit Lügen", sagt der
eben citierte Gewährsmann, „ist mir nicht gedient, und könnte ich der=
selben selbst, nur aus den fliegenden Scharteken, so viel zu Markte
bringen, daß sich die Balken davon biegen sollten ... Wann man
von einer großen Sache keine Gewißheit hat, so finden sich immer
Märleinsschmiede, die ihre Umstände andichten, und solche erdichte
Zeitungen sind alsdann, wie die Schneeballen .. Es scheinet, es träume
zuweilen Schreibern und Druckern, oder sie bringen etwas auf die
Bahn, so vor etlich Jahren geschehen", wie kürzlich zu Paris einer
die Eroberung Mailands durch Franz I. als Neuigkeit herausgegeben
haben solle. „Etliche haben so lange Ohren, daß sie hören, was über
hundert und mehr Meilen in den geheimsten Kanzleien geredet und
beratschlaget wird, andere so scharfsichtige Augen, daß sie von Teutsch=
land bis in Frankreich, Engel= und Holland, ja bis in Italien sehen
können."

Die Regierungen und Fürsten der Zeit haben sich keineswegs
darauf beschränkt, sich, wie wir sahen, vielfache Beeinflussung der in
die Welt zu setzenden Nachrichten zu sichern. Vielmehr ist es durch=
weg herrschender Brauch bei allen, in jedem Streitfalle mit oft höchst
umfangreichen Deduktionen und Gegendeduktionen an die Öffent=
lichkeit zu appellieren, jeden wichtigeren Schritt mit einem Manifest
zu begleiten, einer „kurzen Fürstellung", oder einem „kurzen, doch
gründlichen Bericht", die in der Regel sehr gründlich, aber gar nicht
kurz zu sein pflegen, und denen die Entgegnung kaum jemals fehlt.
Erstaunlich das Bemühen, mit dem auch der gewaltthätigste Schritt
in dieser Zeit als „notwendig und in allen Rechten gegründet" er=
wiesen werden soll! Kaiser Leopold verzichtet darauf im Fürsten=
bergischen Zwischenfall ebensowenig wie der große Kurfürst in der

[1] Deß alt=Fränckischen Hirtens Menalcamyntathyrsidamaeta-Corйlonis
aufgefangene und wieder ausgeflogene Hundsmücken / oder Einfältiges Hirten=
Gespräch von jetzigen Zeit=Läufften .... 1672. 12 Bl. 4° (Berl.).

Sache des Obersten Kalckstein.[1] Der Streit der welfischen Brüder um die Erbschaft i. J. 1665,[2] der des Herzogs von Wolfenbüttel mit dem Bischof von Münster um die Stadt Corvey veranlaßten das Erscheinen endloser Deduktionen von hüben und drüben. Es würde zu weit führen, hier auch nur den kleinsten Teil all dieser überflüssigen Veröffentlichungen anzuführen. Die früheren Bände des Diar. Europ. sind von ihnen erfüllt, von dem stattlichen XXV. nehmen die Sachen der Oldenburg-Delmenhorstischen Succession allein den dritten Teil ein. Es ist, als herrschten auch hier die löblichen Sitten der JCti, wie sie dem Regensburger Reichstag längst sein eigentümliches Aussehen verliehen hatten.

Ist schon dies für den an heutigen Brauch Gewöhnten befremdlich, so wird man noch mehr überrascht, wenn man aus Drucken des 17. Jahrhunderts sieht, in welchem Umfange die Schriften des diplomatischen Verkehrs sofortige Veröffentlichung erfahren.[3] Es macht entschieden den Eindruck, daß die Publizität dieses Verkehrs eine ungleich größere gewesen ist, als in neueren Zeiten, wenn man die zahllosen, besonders in den kritischen Jahren 1672—74 verbreiteten, jedermann zugänglichen «Memorialia» der Gesandten und Schreiben der Herrscher in Betracht zieht, welche allein schon das Diarium Europaeum bietet. Der Rest, welcher als Amtsgeheimnis der Diplomatie verblieb, ist zeitweise ein recht geringer gewesen. Die Annahme liegt nahe, daß mitunter schon bei der Redaktion eines derartigen Schriftstückes an die Veröffentlichung gedacht und ihm demgemäß eine bestimmte Klangfarbe verliehen worden

---

[1] Diesem Zweck dient die Broschüre: Christiani Ludovici Kalcksteinii, Mores & Fatum. Anno M. DC. LXXI. Christian Ludwigs Kalckstein Ankunfft / Sitten und Leben. Im Jahr 1671. 4° Bl. 4° (2spalt., lat. u. deutsch). (Gött.) Auch D. E. XXVI App. (Ausg. v. 1672).

[2] S. Köcher, Gesch. v. Hannover u. Braunschweig I, 413 f.

[3] In einem Fall erfolgte diese sogar vor der amtlichen Bekanntmachung. Das Scriptum nomine Christ. Regis praesentatum vom 1. Mai 1673 erschien im Druck, bevor es am Reichstag zur Diktatur gekommen war. In der Entgegnung der österreichischen Gesandtschaft (Refutatio auf die Gravellische Memorialia vom 1. Mai 1673, Wien. Arch. Friedensakten 1673 Mai) heißt es: „Nachdem sich der .. Rob. de Gravel unterstanden, dem Reichstagsdirectorio ein Memoriale zu übergeben, so hernach auch per publicam dictaturam communiciret, zuvor aber in offenen Truck verfertiget und hin und her ausgeteilet und versendet worden".

ist.[1] Die an klassische Vorbilder gemahnende Sprache der brandenburgischen Gesandtschaft beim Reichstage hatte nur dann einen Sinn,
wenn ihre pathetische Aufforderung an die Mitstände, sich ihrer Pflicht
gegen das Vaterland zu erinnern, auch in der Nation gehört wurde
und nicht auf die vier Wände des Sitzungssaales beschränkt blieb.
Wie hoch man an maßgebender Stelle die Zustimmung der
öffentlichen Meinung schätzte, geht aus den geschilderten Thatsachen
deutlich genug hervor; Fürsten und Minister bestätigen es nicht minder.
So, wenn wir erkennen, daß Kurfürst Friedrich Wilhelm von Brandenburg es gelegentlich nicht unter seiner Würde findet, zur Feder zu
greifen, um im Volke über ihn und seine Thaten verbreiteten ab-
fälligen Urteilen und Gerüchten entgegenzutreten;[2] so, wenn Kaiser
Leopold die Erlaubnis zur Entgegnung auf französische Angriffe gegen
einen verdienten Diplomaten erteilt mit der Begründung «ne ex
taciturnitate scandalum generetur»;[3] so, wenn der Marschall
Luxembourg gelegentlich beklagt, daß der als Publizist geschätzte
Ant. Verjus zur Zeit nicht bei ihm in Utrecht weile, wo die Be-
völkerung für seine Schriften sehr empfänglich sei.[4]

Wir kommen damit zu einer dritten, für uns der interessantesten
Gattung von Flugschriften, den Schriften, die ohne amtlichen Charakter,
scheinbar ganz unmaßgeblichen Ursprungs, ein politisches Räsonnement
enthalten, den Traktaten und Streitschriften. Sie zeigen uns
recht eigentlich den Streit der Meinungen, die Ziele und die Waffen
der verschiedenen Parteien; sie vor allem fordern Interesse wie Kritik
heraus. Denn hier gilt es, die Geister zu unterscheiden, die Bedeutung der einzelnen Stimme zu würdigen, die Richtung, aus der

---

[1] In der Fassung von Vertragsinstrumenten nahm man hierauf Rücksicht;
der Entwurf der holländischen Allianz erfuhr in Wien aus dem Grunde einige
Umgestaltungen, weil es üblich sei, solche Allianzen zu veröffentlichen (Leopold
an Kramprich, 7 Aug. 1673, Wien. Arch. Holl.).

[2] Peter, Krieg des gr. Kurf., S. 278 N. 2, 235 N. 3. Droysen, Zur Kritik
Pufendorfs (Abhandl. zur neueren Gesch., S. 351).

[3] Großmann, Franz v. Lisola im Haag 1672/3 (Arch. für öfl. Gesch.
LI, 105).

[4] (Griffet), Recueil de lettres pour servir d'éclaircissement à l'histoire
militaire du règne de Louis XIV (à la Haye 1760—64, 8 tomes), I, 118. «Ils
sont susceptibles ici des impressions qu'on leur donne: et si M. de Verjus
etait ici, il pourrait faire courre de petits avis, durant que les esprits sont
échauffés, qui feraient peut-être de bons effets» (Extr. d'une lettre de M.
de Luxemb. du 27 juillet au camp sous Utrecht).

sie ertönt, festzustellen. Um so mehr, je verschiedener die einzelnen
Erscheinungen hinsichtlich ihres Wertes und Ursprungs sind. Auch
hier treffen wir überall auf zahlreiche Abhandlungen, die ihre Ent=
stehung im Kopfe einer maßgebenden Persönlichkeit, eines Ministers
oder sonst eines Staatsmanns nicht verleugnen, mitunter auch einen
solchen nachweislich zum Verfasser haben.[1] Das Geheimnis des
Offiziösentums ist schon damals nichts Neues; ja man kann unbedenklich
sagen, daß es nicht nur dem Wert, sondern auch der Menge nach
weitaus das meiste leistet, sei es nun, daß der Schreiber in unmittel=
barem Ideenaustausch mit einer einflußreichen Person deren Gedanken
zu Papier brachte, — wie z. B. Leibniz in der Zeit seines Mainzer
Aufenthalts vieles im Auftrag und nach den Angaben von Boyne=
burg verfaßte,[2] — oder daß eigener Diensteifer ihn bewog, im Sinne
der Macht, die ihn bezahlte, zu schreiben, wie dies bei dem nicht
eben rühmlich bekannten französischen Residenten in Straßburg, Jo=
hann Frischmann, der Fall gewesen zu sein scheint.[3] Vor allem aber
greifen die höchsten Staatsmänner selbst oftmals zur Feder, um ihren
Ansichten im Volke Geltung zu verschaffen. Den Namen Lisolas
werden wir im folgenden oft genug zu nennen Gelegenheit haben; er
überragt die meisten seiner Rivalen und Gegner, so daß Leibniz ihn
nicht mit Unrecht als ersten Vertreter dieses Zweiges der Schrift=
stellerei nennen durfte.[4] Unter seinen Gegnern zeichnet sich durch
Rührigkeit und eine gewisse Fertigkeit im Sophismus der Diplomat
Ant. de Verjus aus. Neben diesen sind es besonders brandenburgische
Staatsmänner, deren publizistische Leistungen an Zahl und an Gehalt
hervorragen, und in mancher schwungvollen Invektive aus ihrem Lager
hat man die Feder Schwerins zu erkennen geglaubt; näher noch liegt
es, an den schriftstellerisch hochbefähigten Gotfrid von Jena zu denken.
Selbst ein so stolzer Mann, wie Graf Waldeck, hat sich mitunter

---

[1] Wie man dabei die Spur zu verwischen suchte, zeigt ein Beispiel bei
Droysen, Forsch. IV, 38.

[2] So den «Georg. Ulicov. Lithuanus» für die polnische Thronkandidatur
des Neuburgers (1669) und das „Bedenken über securitas publica" (1670),
später die vielbesprochene „Ägyptische Expedition" und was mit ihr zusammen=
hängt (Klopp, Werke von L. I, II). — Ähnlich auch nach seiner Übersiedlung
nach Hannover im Interesse des dortigen Herzogs den «Caesarinus Fürstencrius».

[3] Über ihn Droysen, Forsch. IV, 36 ff., und Petong, Die Publizistik des
Nymweger Friedens, S. 39—52.

[4] Guhrauer, Leibniz' deutsche Schriften II, 466.

herbeigelassen, sich oder seine Sache vor der Öffentlichkeit zu verteidigen.[1] Sogar der Fall kommt vor, daß ein amtlicher Vertreter seiner eigenen Regierung unter dem Schutze der Anonymität die schärfsten Vorwürfe zu machen wagt, sie in rücksichtsloser Weise für die Befolgung ihrer falschen Politik angreift.[2]

Daß solche offiziöse oder doch von eingeweihter Stelle herrührende Äußerungen mitunter reich an Aufschlüssen über Vorgänge sind, die sich hinter den Koulissen der Diplomatie abspielten, ist nur natürlich.[3] Wo sie vornehmlich ihr Publikum finden sollten, können wir uns im Hinblick auf die vielen Fürstenhöfe Deutschlands leicht denken, deren jeder seine eigne Politik zu machen suchte.

Aber auch an Schriften, die in jeder Zeile nur von Unkenntnis und Urteilslosigkeit zeugen, ist kein Mangel. Ihre Schreiber, wohl= wollende, aber unwissende Politikaster, sind uns darum mitunter nur noch willkommener: bieten sie uns doch Aufschlüsse, die keine Akten zu geben imstande sind, indem sie aussprechen, was gewiß Hunderte dachten, und geben uns damit einen ungefähren Maßstab für die Höhe politischer Einsicht, die man dem Durchschnitt der gebildeten Leute jener Zeit etwa zutrauen darf. Kaum etwas ist hierfür so bezeichnend, wie die Menge der sogenannten Prognostiken,[4] einer merkwürdig be=

---

[1] P. L. Müller, Wilhelm III. und Walbeck, I, 38, erwähnt zwei 1675 von Walbeck veröffentlichte Flugschriften. Auch die 1684 erschienene Apologie des Walbeckischen Rezesses dürfte nach Inhalt und Ton wohl von W. selbst herrühren.

[2] S. Beilage VII.

[3] Am meisten die Schriften Lisolas, unter denen die «Justa perutilis etc. detentio Fürstembergii 1674» und das „Entlarfte Frankreich 1670" die reich- haltigsten sind.

[4] Aus unseren Jahren sind mir von diesen folgende vorgekommen:

Der Aufrichtige Unverfälschte Engeländische Wahrsager / Das ist Ein Prognosticon über das Jahr 1671. Welches beschrieben von D. George Hardy ... 2 Bl. 4°. (Helmst.)

Französische Prognostication ... durch Michael Ruholts ... Gedruckt im Ausgang des 1671. Jahrs. 4 Bl. 4°. 3 deutsche, 2 holl. Ausg. — Entschieden das beste Stück der Art (Berl. Helmst. Heid.). cf. Tiele, Bibl. van Pamfl. 5759, 5791.

Der Unverfälschte Italiänische Wahr=sager /.. Auf das 1672ste Schalt= und Wunder Jahr / Auffgesetzet Von .. Anthonio Magino ... 6 Bl. 4°. (Helmst. Abgedr. in Vielerhand merkw. Tractätchens.)

Der alterirte Löwe / fernsehende Adler und Gülden=fließ=träger. Prognosti- ciret durch Martin Barbé, ... 1673 (Berl.). Auch abgedruckt als liebten Form, Ansichten von den kommenden Dingen vorzutragen, in der Art von kalendarisch angeordneten Weissagungen auf das bevorstehende „Wunderjahr", gewöhnlich in sehr dunklem, orakelhaft unverständlichem Tone gehalten, selten von irgend welchem Wert. Auch den besten Erzeugnissen dieser Gattung ist immer noch viel Albernes beigemischt, die meisten sind völlig ungenießbar.

So haben wir hier eine ganze Litteratur vor uns, die vom Ernsthaftesten, in allerhöchstem Auftrag Geschriebenem, dessen Erscheinen in der politischen Welt als ein „Ereignis" angesehen wurde, bis zur niedrigsten Kannegießerei alle Schattierungen und Abstufungen umfaßt. Die nähere Betrachtung dessen, was in ihr während der oben bezeichneten Jahre hervorgebracht wurde, wird uns vielleicht ein Bild von dem Leben und Treiben der öffentlichen Meinung, von dem Verhältnis der Gebildeten im Volke zur Politik der Zeit geben.

## II. Die Flugschriftenlitteratur Deutschlands 1668—74.
### 1. Die Friedensjahre (1668—72).

Wie langsam doch die Welt zum Bewußtsein einer vollzogenen Umwandlung der Gesamtlage kommt, zeigt sich kaum jemals so deutlich, wie in der Epoche der Tripelallianz.

Seit dem pyrenäischen Frieden war es eine nicht mehr wegzuleugnende Thatsache, daß Spanien, die bisher wegen ihrer Weltherrschaftspläne so gefürchtete Großmacht, in die Reihe der Staaten zweiten Ranges zurückgetreten, sein Platz von Frankreich in drohender Machtentfaltung eingenommen war. Mußte dies schon der Angriff auf die spanischen Niederlande jedem Einsichtigen klar machen, so ließen zum Überfluß noch zahlreiche, um jene Zeit erscheinende französische Schriften die Sache im deutlichsten Lichte erscheinen. Den ersten Platz behauptete unter diesen der 1667 erschienene Traktat des Pariser Parlamentsrats d'Aubéry, «Des justes prétentions du Roi sur l'Empire». Die weitgehendsten Folgerungen ließen sich aus der hier vorgetragenen Lehre ziehen, daß der Allerchristlichste König als

Der Französische Und Polnische Wahrsager / Auff das M. DC. LXXIV. Jahr . . . 6 Bl. 4°. (Gött. Wolf.)
Neugestirnter Welt-fliegender Mercurius . . Unterschiebliche Prophecehungen / . . . auff das inflehende MDCLXXIII. Wunder-Jahr . . . (Berl.)

Nachfolger Karls d. Gr. auch der allein rechtmäßige Erbe der Kaiser=
krone und des römischen Reichs, d. h. Deutschlands sei.[1]
An Entgegnungen auf diese chauvinistischen Eroberungen auf dem
Papier hat es nicht gefehlt; anderen voran war es Lisola, der in
seinem klassischen «Bouclier d'état et de justice» die ganze Gefahr
aufdeckte, mit der diese Weltherrschaftstendenzen die Freiheit der Völker
Europas bedrohten.[2] Einige sind ihm zur Seite getreten, aber von
nachhaltigem Eindruck, den man erwarten sollte, findet sich in den
nächsten Jahren keine Spur. Bald genug hat man sich im Hinblick
auf die Tripelallianz und Frankreichs augenblickliches Zurückweichen
beruhigt. Zumal in Deutschland ist die, wie es scheint, keinen Augen=
blick sehr lebhafte Aufmerksamkeit alsbald wieder von den nieder=
ländischen Verwicklungen abgelenkt.

In endloser gelehrter Kontroverse erhitzt man sich hier über die
Theorie der Reichsverfassung, deren traurige Mängel erst jüngst der
kecke Monzambano=Pufendorf so grell beleuchtet hatte. Für die von
Westen her drohende Gefahr scheint man kein Auge zu haben.

So bietet die wenig umfangreiche Publizistik der drei ersten Jahre
nach dem Aachener Frieden das unerfreuliche Bild einer fast völligen
Unfruchtbarkeit, einer im Vergleich zu früheren und späteren Zeiten
ganz erstaunlichen Stille.[3]

Kein Wunder übrigens. Die politischen Bewegungen dieser
Jahre vollziehen sich in so tiefem diplomatischem Geheimnis, hinter

---

[1] S. darüber und über Ludwigs XIV. persönliche Anschauungen Erbmanns=
dörffer, Deutsche Gesch., I, 509 f.
In Deutschland wurde ein Auszug verbreitet: Französische Staats=Reguln:
aus einem Tractat H. Aubery, ... 1667, 13 Bl. 4° (Wien).
[2] Daß er der Verf. war, wußte man bald. Schon 1670 nennt er sich selbst
als solchen, wie wenn es nichts Neues wäre. Übrigens fand ich auch eine Aus=
gabe des Buches von 1701 (in 12°) mit dem Namen des Verfassers. Daß er
auf höheren Befehl schrieb, sagt er selbst im Dénouem. des intrigues 1672
(s. Beilage VIII.); er hatte den Auftrag von Castel Rodrigo erhalten (Klopp,
Fall des H. Stuart I, 388).
[3] Übrigens ist unverkennbar, daß man in diesen Jahren für den Wert der
Flugschriften weniger Sinn gehabt hat als in der Folge. Wiederholt finden sich
Titel von Schriften erwähnt, die man auch in den größten Sammlungen dieser
Art vergeblich sucht. Keine einzige aber erreicht annähernd eine solche Auflagen=
zahl wie manche aus späteren Jahren. 100 Jahre später ist man freilich in
noch viel geringerem Grade auf die Erhaltung dieser ephemeren Litteratur bedacht
gewesen. Vgl. Koser, Staatsschriften, Bd. I, p. XXXV f.

einem so dichten Vorhang, daß selbst die am meisten Betroffenen lange
Zeit im Unklaren über das Wahre der Lage sind. Wie viel weniger
dürften wir da von der Tageslitteratur Kenntnis und Urteil erwarten!
Schon die Gegenstände, mit denen man den Leser zu ergötzen unter=
nimmt, zeigen die große Unkenntnis, in der, wie man auch sonst weiß,
damals alle Welt über den Ernst der Lage befangen war.

Während die französische Diplomatie mit meisterhafter, geräusch=
loser Geschicklichkeit die hemmende Tripelallianz zu trennen weiß und
damit der Gesamtlage ein wesentlich verändertes Aussehen verleiht, —
währenddessen schwingt sich ein deutscher Schriftsteller zu einer fort=
laufenden Besingung der — Regensburger Reichstagsverhandlungen
auf![1] Ein anderer sucht sich höhere Gegenstände für seine Muse und
findet sie in den Königen Europas und den weltlichen Kurfürsten des
Reiches.[2] Die letzteren werden alle ohne Unterschied im Tone ehr=
furchtsvollsten Ersterbens von ihm gepriesen, der urkatholische Ferdinand
Maria von Baiern ebenso, wie der calvinistische Pfälzer und Branden=
burger. Bezeichnend ist schon das Motto, dessen sich der Autor be=
dient: Catoni ebrietas objecta est. Sed quisquis obiecerit, facilius efficiet hoc crimen honestum, quam turpem Catonem; und
am Schluß seiner Verherrlichung beantwortet er die Frage: Tales
principes; quales populi? mit den Worten Theodorichs: Facilius
est, si dicere fas est, errare naturam, quam dissimilem sui prin-
ceps possit formare rem publicam.

Läßt sich diesem Schreiber ein gewisses formelles Geschick wenigstens
nicht absprechen — die Charakteristik des großen Kurfürsten ist gar

---

[1] Ominosa Rerum Series In Praesentibus Imperii Comitiis Gestarum
. . . . . Editio secunda priore correctior. Anno Domini M. DC. LXXI. 72 S. 4°.
(Die erste Aufl. dürfte 1670 erschienen sein. Fortsetzungen erfolgten noch 6, bis
z. J. 1673.) Für den Verf. galt der kurpfälzische Rat Venator (s. Gryphius,
De scriptor. histor. saec. XVII. illustr.), was wohl richtig ist: die 5. Folge
enthält ein Sendschreiben eines fürstlichen Gesandten aus der Unterwelt an seine
Kollegen, das sich auch in der oben erwähnten Sammlung des Karlsr. Arch.
findet (hier als Epistola novissime defuncti legati dni. de Mauderode . . .)
mit dem Vermerk: comm. per Churpfälzischen Secretarium H. Venator.

[2] Waremundi Sinceri Ad Desiderium Sincerum Prosopo-
graphia Quatuor Sacri Romano-Germanici Imperii Electorum
Secularium . . . Anno M. DC. LXVIII. 29 S. 4°.
Erwähnt ein ähnliches Gedicht über den Kaiser und verspricht eines über
die Könige Europas.

nicht übel[1] — so fehlt auch dieser Vorzug gänzlich einem Mitgliede der „Fruchtbringenden Gesellschaft", das sich an den „Unterschiedlichen Wunderseltsamkeiten" des Jahres 1670 begeistert,[2] mit einer alles Maß übersteigenden Kriecherei vor des Kaisers Majestät, und in nicht eben ungewöhnlichen Erlebnissen der allerhöchsten Familie lauter Wunder Gottes sieht. — Ein anderer „Christlicher Politicus" unternimmt es, alle Zweifel an der Fortdauer und dem festen Bestand des Heil. Röm. Reichs, die zur Zeit vielfach geäußert wurden, gründlich zu widerlegen, und zwar aus der — Weissagung Danielis![3] Selbst eine an sich wenig hervorragende Leistung, wie das Gespräch des «Mercurius Alemannicus und Claudius Parisiensis»[4] mit seinen faden Wortspielen erscheint in dieser Zeit völliger litterarischer Ebbe schon fast als erfreuliche Ausnahme.

---

[1] Omnium hic electorum est potentissimus, septentrionalium haud
  impar regibus
Forma decorus, crine decorus, statura egregius
Vir lacertos humerosque gerit Teutonicis similes
Priscis, heroem referens Herculeum.
Pius est Frid. Wilh. iustus et misericors. . .
Litteris, quibus imbutus est, vere fruitur,
Verba amans et res, aulam et scolam sapientiae.
Venere non abutitur, nullum hinc orbi scandalum
Nec exemplum imbecillioribus nocens metuas.
Tiberii exemplo tempus irae dare didicit,
Atticam probat fidem, detestatur Tunicam, sed cum Cretensibus
Cretitzare novit, aculeoque opponere aculeum.
Dissimulare decet regentes, mentiri dedecet.
Servile hoc est vitium, ista virtus principis.
Regium dynastae corpus imperatorios fovet spiritus.
Regali sceptro dignus vir, vir dignus imperio,
Quod et olim contulissent imperii proceres,
Praepotentis domus Austriacae ni praeponderassent merita:
Sique Calvini non obstitisset odiosa religio.
Poloniae haec illi forsitan praecludit solium.

[2] TV es DeVs, qVI faCIs MIrabILIa [1670]: Das ist Unterschiedliche Wunderseltzamkeiten / Welche sich in gegenwärtigem / ... Jahr 1670 .. ereignet haben. . . Durch M. A. der hochlöblichen Fruchtbringenden Gesellschaft Mitgenossen ... 1670. 10 Bl. 4°.

[3] Deß H. Röm. Reichs Nativität / Allen desselben Gliedern zu beständiger information, Warnung / und respectivè Trost / bey ietzig gefährlichen Läuffen / gestellt von Einem Christlichen Politico. 1670. 15 S. 4°. (Münch. Dresb.)

[4] S. unten.

Eigentlich beachtenswert sind da nur sehr wenige Schriften. Zu=
nächst stoßen wir auf leider ziemlich spärliche Reste einer, wie es
scheint, nicht ganz unbedeutenden Litteratur über die Frage der Wahl
eines römischen Königs. Eine solche lag nahe, da allgemein wegen
der Schwächlichkeit des Kaisers an seinem längeren Leben und vollends
einer Nachkommenschaft von ihm gezweifelt wurde. Gleichzeitig waren
es die Jahre stärkster französischer Einwirkungen, Gravel in Regens=
burg hatte überall seine Hand im Spiele.[1] Ludwig XIV. selbst soll
damals nach der römischen Krone gegriffen, Gravel in einer gedruckten
Schrift offen zu seiner Wahl aufgefordert haben.[2] Aber auch ein
Kleinerer glaubte seine Zeit gekommen: Herzog Philipp Wilhelm von
Pfalz=Neuburg, dem troß Bohneburgs und Leibniz' Diensteifer die
polnische Krone nicht zu teil geworden war,[3] schien durch diese Nieder=
lage nur zu kühneren Wünschen entflammt. In einer kurzen, aber
bedeutsamen Schrift[4] ließ er der Welt auseinanderseßen, man müsse
zur Wahl schreiten, sowohl um zu beweisen, daß die Kaiserwürde
nicht bei Österreich erblich sei, als auch „damit der franz. Hahn durch
sein Locken nicht die Oberhand gewinne, maßen dann bereits unter
dessen gülbenen Fittigen viel und mächtige Stände Ruhe suchen",

[1] Großes Aufsehen erregte damals seine feierliche Aufnahme in den Orden
des h. Michael vor versammeltem Reichstag, wobei der Herzog von Mecklenburg
im Auftrag Ludwigs XIV. fungierte. Es wurde ein «Judicium ominosum»
über den Fall verbreitet, s. Sattler, Gesch. Württ., X, Beil. Nr. 50. Eine
andere Schrift darüber abschriftlich im Karlsr. Arch. —

[2] Sattler, X, 180. In der neuburg. «Ecriture» (s. unten) ist von zahlreichen Schriften dieser Art die Rede, die aus Frankreich kämen, unter dem
Schein, als wären sie «forgées dedans la boutique de quelques Allemands».

[3] Leibniz vertrat die Sache des Neuburgers bekanntlich durch eine eigene
Schrift.

[4] Wichtige Ursachen / Warumb das Heilige Römische Reich ...
Einen Neuen Römischen König zu erwehlen höchst nöthig haben.
Heraus gegeben Im 1670. Jahre. 2 Bl. 4°. o. Ttbl. (Berl.) Daß diese
Schrift den angegebenen Ursprung hat, ergiebt sich aus ihren Übereinstimmungen
mit einer andern (Escripture tirée des secrets de quelques estats touchant
l'élection d'un Roy des Romains. Karlsr. Arch. Schreiben an einen Reichs-
fürsten, Veröffentlichung zweifelhaft), in welcher nach Begründung der Notwendig=
keit einer Wahl auch die möglichen Kandidaturen erörtert werden. Diese seien:
Kurbrandenburg — auszuschließen wegen des Bekenntnisses; Kurpfalz — des=
gleichen; Baiern — ist in französischem Schlepptau, die Kurfürstin haßt die
Deutschen und nennt sie Hunde; und endlich Pfalz=Neuburg — dieser wäre der
Rechte, um der Verwirrung im Reich ein Ende zu machen.

und „dieweil durch so vielfältiges Zusetzen durch Gift und andere
Sachen dem unschuldigen Kaiser die Kraft und Virtus generandi
geschwächet worden". Ja, er droht den Kurfürsten sogar mit dem
Verlust ihres Wahlrechts, wenn aus ihrer Versäumnis im Reich Ver=
wirrung entstände, oder Frankreich inzwischen die Stimmen gewänne,
wie es bei Baiern, Brandenburg u. a. schon versuche. — Durch solche
Denunziation glaubte der ehrgeizige Neuburger wohl die beiden haupt=
sächlichen Rivalen zu beseitigen und damit die Wahl um so sicherer
auf sich zu lenken.

Indes von ungleich größerem Gewicht war für den Augenblick
doch die niederländische Frage. Mit ihr beschäftigte sich ein „Be=
denken über die Triple Allianz" («Réflexions sur la Triple Ligue»
1670), das seinem Inhalte nach ganz der Politik Lisolas entspricht.
Die Allianz, heißt es dort, kann ihren Zweck — Schutz der spanischen
Niederlande, wozu Spanien selbst nicht imstande ist — nur dann
erreichen, wenn sie Frankreich wieder auf den Bestand von 1659 re=
duciert, oder es mindestens zwingt, seine seitdem gemachten Eroberungen
gegen andere, weniger bedrohliche einzutauschen. Nach dem knappen,
sachlichen Stil zu urteilen, liegt hier ein amtliches Gutachten — wohl
schon aus dem Jahr 1668 — vor, das später, vielleicht unbefugter=
weise, veröffentlicht worden ist.[1]

Noch deutlicher zeigt die Spuren von Lisolas Feder eine dritte,
eben damals erschienene Schrift, „Das entlarvte Frankreich" (1670),[2]

---

[1] Reflexions Sur La Triple-Ligue. Oder Bedenken über die
Triple-Allianz. Diar. Eur. XXII App. (frz. u. d.) Deutsche Ausg. 1670,
4 Bl. 4° (Berl. Wien²), desgl. 1671 (Wolf.). Scheint vor 1670 verfaßt zu
sein, da das Versprechen Ludwigs, seine Truppen wegen des lantbiotischen Krieges
zurückzuziehen, wie ein Ereignis der letzten Zeit angeführt wird. — Charakteristische
Merkmale des Stils, die für Lisola sprechen, darf man in der kurzen und streng
sachlichen Auseinandersetzung nicht suchen. Dagegen läßt der Inhalt kaum an
jemand anders als Verf. denken. Der Plan eines für Frankreich nachteiligen
Austauschs der Eroberungen kommt in Lisolas Berichten noch im J. 1673 vor
(an Leopold, 8. Juni 1673, Wien. Arch. Holl.).

[2] Das Ent-larfte Franck-Reich / Oder dessen Irregularitäten
... Anno M. DC. LXX. 28 S. 4°. (Wien.) — Andere Ausg. (Berl.) —
3. Ausg. 1671. (Wolf.) — 4. Ausg. o. J. 40 S. 4°. (Helmst.) — Auf Lisolas
Autorschaft deuten wiederholte Hinweise auf dessen Person und schriftstellerische
Leistungen, besonders eine (bald darauf erschienene) Schrift über die Dependenzen
des Aachener Friedens: Discours touchant les prétentions de la France sur
les places de Condé, Linck &c. .. 1671; — nicht weniger die gänzliche Über=

2*

die hier als eine an Enthüllungen über die Vorgänge in der diplo=
matischen Welt reiche nur erwähnt werden kann, da sie im Grunde
nur die Beziehungen zwischen Frankreich und Spanien im Auge hat.
Mit glücklicher Ironie werden darin auch Aubery u. a. Schreiber
seines Schlages bekämpft, die mit ihrer Redseligkeit gegen den ersten
Grundsatz der Politik verstoßen, danach man „in Staatshändeln sich
die Schläge unvermerkt gibt, sonder ein Sasa davon zu machen".

Der Gewaltstreich, mit dem Ludwig XIV. im August 1670 den
Herzog von Lothringen vertrieb und sein Herzogtum einnahm, hätte
— so meint man — manchem bisher Ahnungslosen die Augen über
den wahren Charakter der Lage öffnen müssen. Aber in der Litteratur,
die diesem Zwischenfall in reicher Fülle entsprang,[1] sucht man bis
auf ganz geringe Ausnahmen vergeblich nach einer Beurteilung, die
in wirklich politischem Geist, auf der Höhe der Situation stehend, das
Ereignis in seinem Zusammenhange, seiner Tragweite übersehen hätte.

---

einstimmung mit L.'s anderweitig bekannten Anschauungen und nicht zuletzt das
Zeugnis des Zeitgenossen Chassan (f. Auerbach, La dipl. franç. et la cour de
Saxe, p. 349). Danach ist die Schrift im November 1670 und zwar, was auch
an sich wahrscheinlich, in französischer Sprache erschienen (La France démasquée
ou ses irrégularités).

[1] Außer den gleich zu erwähnenden Reichstagsschriften und zweien von
Lisola (f. unten S. 34) sind keine, soviel ich sehe, erhalten; doch schreibt Schurz=
fleisch (Epist. select. Wittbg. 1712, p. 16 f.) noch am 5. Juni 1671: Multa
edita sunt his nundinis de Lotharingiae ducatu. Sed alia partium studio
laborant, alia veris monumentis destituuntur. Er selbst knüpft daran nur
historische Erörterungen und dann die Bemerkung: Adeo gravis liliorum iste
odor, et cum blandum quid spirant, saepe venenum tegunt. In der Samm=
lung des Karlsruher Archivs findet sich eine Schmähschrift: Epitaphium Caroli
ducis Lotharingiae («Perfidus omnium necessarius, infidus omnium merce-
narius, multis quondam suppetias, nulli unquam auxilium tuli. Ducatum
. . pro summa 5 millionum . . regi Gallo vendidi . . Propugnaculum et
antemurale Romani imperii externo tradidi. Sed pro meo more . . Gallum
decipere conatus . . . omnium ludibrio regione mea exutus . . promeritas
poenas luo»). Ebenda auch eine Schrift entgegengesetzten Inhalts («Non omnium
dierum vesper occubuit duci Lotharingo oppresso 1670») mit dem Vermerk:
„Communicirt den 26. 9ber von Mr. Gabrieli Secretaire de Comte de Wallen-
stein"), unbedeutend und geschmacklos. Welche Anziehungskraft auf die Zeit=
genossen das Genealogische ausübte, zeigt die Thatsache, daß ihm sogar Lisola,
der so eminent praktische Staatsmann, in seiner Schrift (Conférence de Windisgratz, f. unten S. 34) breiten Raum verstattet; von Eb. Waffenberg ganz zu
geschweigen.

Wie mit magischem Zauber wirkt vielmehr das der Frage innewohnende
juristisch=genealogische Moment auf die Schriftsteller, daß sie in fast
ausschließlicher Erörterung der Rechtsfrage den Blick für die politische
Seite ganz zu verlieren scheinen.

Diesen Fehler begehen˙ nicht nur die zahlreichen Streitschriften
der lothringischen Reichstagsgesandtschaft, denen gegenüber Gravel in
seiner Polemik durch Rücksichtslosigkeit und anmaßendem Ton glänzt;[1]
ihm verfällt auch die Schrift, mit welcher der vertriebene Herzog sich
an die Öffentlichkeit wandte,[2] die in ihren langwierigen Erörterungen
durchweg Lothringen zu verteidigen sich bemüht, statt Ludwig an=
zuklagen, und am Schluß gar noch die Hoffnung auf eine Sinnes=
änderung des rex melius informandus ausspricht. Mit solchen Waffen
war einem Louis XIV. nicht beizukommen, der sich stets, mit den Waffen,
wie mit der Feder, das stolze Vorrecht der Offensive zu sichern wußte.
Selbst die weitschichtigen Gutachten, die Leibniz um jene Zeit nach den
Angaben Boyneburgs niederschrieb,[3] und in denen zum Teil schon das
Ereignis vorausgesehen wird, — selbst diese leugnen geradezu dessen
Gefährlichkeit für Deutschland.

Wie großen Täuschungen über die allgemeine Lage man sich
namentlich in einzelnen österreichischen und gut kaiserlich gesinnten
Kreisen hingab, tritt in einigen satirisch gehaltenen Schriften deutlich
zu Tage. Frankreich, heißt es einmal,[4] hat ein weites Gewissen, es

---

[1] Abgedruckt im Diar. Eur. XXII—XXIV.

[2] Bericht=Schreiben Auff die von Frankreich vorgewendete
Motiven, Weßwegen sie Lothringen überfallen. Anno 1670. 10 Bl.
4°. dat. 7. Sept. 1670. (Helmst.)

[3] Bedenken welchergestalt Securitas publica interna et externa
im Reich auf festen Boden zu stellen. (Werke ed. Klopp, I, 186 ff.) Ein=
gehender über dieses „Bedenken" zu handeln ist hier nicht der Ort, da es, ob=
wohl handschriftlich zweifelsohne verbreitet, nicht veröffentlicht wurde, also
auch nicht in den Kreis der eigentlichen Publizistik gehört. Nur zwei Stücke
daraus sind zwei Jahre später in Druck gekommen (s. unten Breve illustramentum).

[4] Mercurius Allemannicus, Claudio Parisiensi, tabellario
Argentoratum eunti, fit obvius. 4 Bl. 4°. (Dresb.) «Rex meus lentae
ac latae est conscientiae, quotiescunque quaerit vel acquirit, nullum sibi
facit scrupulum .. Argentoratum non mihi effugiet, Regis nomine incedo,
qui quicquid placet sibi, facit argento-ratum.» — Ist 1670 erschienen nach
folgender Stelle: «Verissimum est illud huius anni chronographicon: tV es
DeVs u. s. w. (s. oben S. 17).

fiſcht mit goldener und ſilberner Angel, aber es hat bisher nichts
gefangen und wird nicht nur oleum et operam, ſondern auch hamum
et escam verlieren. Sein Ehrgeiz findet überall an ſeinen Grenzen
Schranken, es muß ſich begnügen mit dem Luftſchloß der allgemeinen
Monarchie. Viele Maultiere mit Gold beladen haben jüngſt den
Rhein überſchritten, aber am Kaiſerhof werden auch nach Auerspergs
Sturz die Geſchäfte wohl geleitet, von Lobkowitz, deſſen thöricht klingende
Reden oft oracula miracula ſind.[1] — An anderer Stelle wird be=
ſonders die Begünſtigung des ungariſchen Aufſtandes durch Frankreich
ſcharf gegeißelt, aber ebenſo auch die Erfolgloſigkeit dieſer Bemühungen
verſpottet. Gremonville hat zwar das Spiel angeſtiftet, die Karten
gemiſcht, aber er muß die Partie aufgeben, von revanche iſt keine
Rede; und Mr. de Bethune bekennt: „Ich bin zu ſpät gekommen,
brachte eine neue Mode von Hoſen und ginge wieder fort”. Frank=
reich will kein Spiel mehr gelingen. Spanien dagegen „weiß anjetzo
die Karten beſſer zu miſchen, verhofft, Frankreich ſoll ihm ſo leicht
nicht mehr abgewinnen”. Die Tripelallianz ſteht feſt und Frankreich
wartet noch auf den Tag, wo die Spieler „ſich ſelbſt die Karten um
die Köpfe ſchmeißen werden”. Zwar die geiſtlichen Kurfürſten „müſſen
oft mit dem Franzoſen das Tictac ſpielen von wegen der Nachbar=
ſchaft”, und der Biſchof von Münſter ſieht wohl, „daß wenig des
Franzoſen Partei ſpielen wollen; o ſchlechte Spieler! Ich halt’ es
ſtets mit ihm!” Aber Frankreich erwidert: „Lieber Biſchof cousin,
großen Dank! Du biſt mein, ich bin dein, aber ich komme nimmer,
der Kaiſer ſchauet mir zu ſehr in die Karten”. „Mein Spiel iſt
zwar nicht recht, meint der Franzos, aber punctum honoris gehet
für alles; entweder Kaiſer ſein, oder nichts, und darum werde ich
beſperat ſpielen”.[2] So, ſcheint es, hat man damals die Lage an=

---

[1] Merc. Allem.: «Miror autem summopere, res in aula vestra adeo bene
procedere... existimabamus cuncta susque deque evertenda postquam discessit
sapientissimus ille minister Auersperg, qui competitorem suum non tantum
pro stulto reputare, verum etiam talem vocitare solebat aliquando: ipsum-
que nomen Loccowitz aliquid tale prae se ferre videtur: Loco enim apud
Hispanos stultum significat». Darauf erfolgt eine Verteidigung von Lobkowitz.

[2] Das Franzöſiſche Traplier-Spiel. Anno M DC LXXI. 6 Bl.
4°. (Wien. Heib.) Muß in Wien entſtanden ſein, nach mehrfachen Anſpielungen
auf dortige Lokalitäten. Der Standpunkt iſt ſtreng kaiſerlich und katholiſch. —
Kurſachſen ſagt: „Ich halte nichts vom franzöſiſchen Spiel, ein Glas mit gutem
Wein, des Kaiſers Freund und barbei im Friede luſtig ſein, ſteht mir für alles

gesehen. Frankreichs Absichten, seine Umtriebe, sind nur zu gut bekannt, aber man fürchtet sie wenig, begnügt sich vielmehr, sie und ihre Vergeblichkeit zu verhöhnen, ebenso wie die am französischen Hofe einreißende Sittenlosigkeit, die durch Worte, wie die folgenden, dem Türken in den Mund gelegten, wirksam verspottet wird: „Ich erfreue mich, daß der Allerchristlichste schon drei Weiber hat, er folget mir nach; ich verhoffe, er werde sich endlich auch beschneiden lassen".

## 2. Das Jahr 1671. Umschlag der Stimmung.

Doch schon das Jahr 1671 bringt einen Umschwung. Es konnte nicht anders sein, der Fortgang der Ereignisse mußte mit der Zeit die Gefahren der nächsten Zukunft mit immer größerer Deutlichkeit enthüllen. Ihnen vorzubeugen, greift der eine und der andere aus eingeweihten Kreisen gelegentlich auch zu litterarischen Mitteln, und aus der Veröffentlichung derartiger Schriften erhalten allmählich immer weitere Kreise der Nation Licht über die wahre Sachlage. Die all= gemeine Teilnahme an den Ereignissen wird in erhöhtem Maße erregt, die publizistische Litteratur wird umfangreicher, voller, sie gewinnt an Inhalt und Bedeutung. Aus dem Bemühen einflußreicher Männer und Kreise, die Stimmung des Volkes für sich zu gewinnen, seine Tiefen zu erregen, aus den Antworten der Gegner, die das gleiche Ziel verfolgen, entspinnt sich ein lebhafter Federstreit, der Kampf um die Stimme des Volkes, um die öffentliche Meinung.

Den ersten kräftigen Schlachtruf läßt ein „Französischer Wahr= sager" an die Fürsten des Römischen Reichs ergehen.[1] In machtvoll pathetischer Sprache lenkt er die Aufmerksamkeit auf die bevorstehende Unterjochung der Niederlande, weist er darauf hin, daß damit auch die deutsche Freiheit ein Ende haben, der Rheinstrom unter die Herr=

---

Spiel". Stadt Paris: „In unsers Königs Katechismo finden sich gar wenig Gebote, und das sechste ist ganz ausgerissen". — Vgl. Zwiedineck, Deutsche Ge= schichte I, 326. — Auf einer Kopie der Schrift im Archiv zu Karlsruhe steht: Communicirt von Wien von Secretario Gabrieli beß Grafen von Wallensteins. Nicht unmöglich, daß Gabrieli der Verfasser ist. Wenigstens findet sich nicht nur derselbe Vermerk auf mehreren Schriftstücken der erwähnten Sammlung, sondern einmal bei einem Epigramm auf die Französenfreundschaft Baierns heißt es auch: Author Mr. Gabrieli.

[1] Veridicus Gallicus ad S. Romani Imperii Principes ablegatus 1671. Französischer Wahrsager zu den Fürsten des Heil. Röm. Reichs abgeschickt 1671. S. Beilage I. Die lat. Ausg. gehört zu den Seltenheiten.

schaft Frankreichs kommen müsse, Frankreichs, das sich nicht scheue, den Feind der Christenheit zum Kriege aufzuhetzen. Erwachen solle man doch endlich, den Schlaf sich aus den Augen reiben und nach dem Muster des Reichstags von 1544 Ludwig XIV., den zweiten Soliman, selbst für einen Feind der Christenheit erklären, mannhaft zu den Waffen greifen und sich nicht schrecken lassen durch das eitle Schauspiel der französischen Rüstungen, eingedenk dessen, daß (nach Livius) „der Franzosen erstes Treffen etwas mehr ausgiebt, als der Männer, das letzte aber weniger, als der Weiber". — Dieses schöne Denkmal edlen Sinnes und klaren Blickes, zugleich in seiner deutschen Übertragung eine Perle der Litteratur, ist zuerst den Reichstags= gesandten als anonymes Schreiben zugegangen,[1] drang bald an die Öffentlichkeit und erlangte sofort die größte Verbreitung: 2 lateinische, 5 deutsche und 1 holländische Ausgabe erschienen schon in einem Jahr. Leider ist es dem unbekannten Warner nur zu gut gelungen, seine Spur zu verwischen. Aber nicht verloren konnte der mächtige Eindruck gehen, den dieser noch nicht gehörte Ton machen mußte, wenn er die Bekämpfung Frankreichs als nationale Sache, nicht bloß als Angelegenheit dynastischer Interessen hinstellte. Diesen Eindruck vermochte auch eine aus den vor jedem kriegerischen Ernste zitternden Kreisen der Ireniker am Rhein hervorgegangene Gegenschrift[2] nicht zu verwischen, wenn sie in gewundenen Sophismen vor kräftigen Ent= schlüssen warnte, welche die Gefahr erst herbeiführen würden, da doch keine vorhanden sei, solange sich nur die deutschen Fürsten der Ein= mischung in auswärtige Streitigkeiten enthielten. Was half es, wenn hier auf die Erfolglosigkeit aller bisherigen Versuche zur Unterdrückung der deutschen Freiheit hingewiesen und die Zuversicht auf dauernde Widerstandsfähigkeit der Niederländer ausgesprochen wurde! Die Ent= gegnung ist fast verschollen, jener namenlose Warner aber hat das Eis gebrochen, und in immer wachsendem Strome ergießt sich in den nächsten Jahren eine Flut von Broschüren und Pamphleten, in denen noch mehr als einmal derselbe Ton erklingt, den er zuerst angeschlagen.

Nicht immer freilich wird die Sprache des patriotischen Pathos mit solcher Meisterschaft gehandhabt, nicht immer ist mit ihr auch die gleiche Einsicht gepaart.

---

[1] Sattler, Gesch. Würtembergs X, 191, 192, u. Beil. Num. 53. Rühs, a. a. O., S. 143.

[2] Verweiß an den franz. Wahrsager 1671. S. Beilage II.

So forbert ein Monolog der Germania über die Uneinigkeit der Reichsstände (1671)[1] diese zwar in beweglichen Worten zur Eintracht auf, zeugt aber zugleich nicht von großer Urteilsfähigkeit des Verfassers, wenn er als einzige Ursache alles Elends nur die Unbotmäßigkeit der Fürsten gegen den Kaiser ansieht, diesem in übertriebener Weise schmeichelt, ihm den Namen eines Vaters des Vaterlandes um seiner großen Tugenden willen zuspricht und endlich von der erleuchteten Einsicht des kaiserlichen Prinzipalkommissars am Reichstag alles Heil erwartet. Den Verfasser — selbst auf sämtliche kaiserliche Minister erstreckt sich seine Verehrung — werden wir hiernach wohl in den Kreisen der österreichischen Reichstagsgesandten vermuten dürfen.

Verwandte Anschauungen sind es, welche in dieser Zeit ein Mann wiederholt zum Ausdruck bringt, der schon ehedem als Geschichtsschreiber des 30jährigen Krieges sich einen Ruf erworben hatte und damals mit dem Titel eines königlich polnischen Historiographen geschmückt in Danzig lebte: Eberhard Wassenberg aus Emmerich.[2] Er entfaltet einen ungemeinen Eifer in der litterarischen Bekämpfung Frankreichs, wobei viel gute Absicht, weniger Urteil und eigene Gedanken zu Tage treten.

Schon die Vertreibung des Lothringers drückte ihm die Feder in die Hand; mit dem schwersten Geschütz von Gelehrsamkeit, mit Citaten aus zahlreichen, auch französischen Schriftstellern ausgerüstet, zieht er gegen Ludwigs Ansprüche auf Lothringen und die Kaiserkrone zu Felde, bekämpft den Ungehorsam der Fürsten gegen ihr Oberhaupt und fordert den Herzog Karl zur Wiedereroberung seines Landes auf.[3]

---

[1] Soliloquium Germaniae, Deutschlands Gemütsrede 1671. S. Beilage III.

[2] S. über ihn Jöcher, und Gryphius, De scriptoribus historiae saeculi XVII. illustrantibus, p. 66, 87, 523.

[3] E. W. Gallia, In Serenissimam Domum Lotharingicam, Lotharingiam, Et Orbem reliquum Verecunda Germaniae Candide Repraesentata. (Weltkugel.) A La Haye, Chez Jean Laurent. M. DC. LXXI. 48 S. 12⁰. (Wien, Hofb. u. U.-B.) Anb. Ausg. o. O. u. J. 15 S. 4⁰. (Berl. Heib.) Bezeichnend ist daraus folgendes: Nach Salust und Tacitus kann nur einer im Staate herrschen, Leopold oder Ludwig. Letzterer wird es zweifellos, wenn man fortfährt, Leopold wie bisher zu verachten, ihm nicht zu gehorchen; wobei auf den Kaiser die Worte Seneca's angewandt werden: Ille enim est vinculum, per quod respublica cohaeret, ille spiritus vitalis, quem haec tot milia trahunt; nisi ipsa per se futura, nisi onus et praeda, si mens illa Imperii subtrahatur. — Der Herzog von Lothringen solle werden securitatis nostrae

Anderswo[1] beklagt er Deutschlands und des römischen Reiches gefährlichen Zustand, woraus die einzige Rettung in völliger Unterwerfung unter den Kaiser liege, — mit viel Gefühl, aber in wenig
ansprechender Form. Mit dem ihm eigenen Stolz auf seine früheren
Leistungen — er unterläßt selten, auf das, was er bisher geschrieben,
in mehr oder weniger verschämter Weise hinzudeuten, auch wo er
anonym sein will — erinnert er auch daran, daß er schon vor
20 Jahren in einer Ermahnung an die Reichsstände den derzeitigen
traurigen Zustand richtig vorhergesagt habe.

Einmal erscheint derselbe Waffenberg, der sonst so unbedingt nur
in der monarchischen Gewalt des Kaisers das Heil Deutschlands sieht,
einmal erscheint er auch mit einer Schrift, die Ludwig XIV. in gelehrter weitläufiger Auseinandersetzung mit Marbod vergleicht, um
anknüpfend hieran den Wunsch zu äußern, man möge ihm in der
Person des Kurfürsten von Brandenburg einen rechten Arminius
entgegenstellen, d. h. diesem den Oberbefehl über die Truppen von
Kaiser und Reich übertragen.[2] Die Verherrlichung, die der pro-
testantische Kurfürst hiebei durch den streng katholischen Gelehrten
erfährt, läßt wohl auf eine höhere Eingebung schließen; es scheint auch
sonst, als hätte sich kein Geringerer, als Lisola, gelegentlich Waffenbergs als eines Sprachrohrs bedient.[3]

Dies ist der Fall bei der größten und in jeder Hinsicht besten
Schrift Waffenbergs, der „Französischen Goldgrube",[4] welche den

custos atque laesae Majestatis nostrae vindex. — Unter den angezogenen
Schriften findet sich der Boucl. d'état und eine Waffenbergische Harmonia
Philippaea, die gegen die französische Vorherrschaft gerichtet sein soll.
[1] Veridici Germani Threni Super Germaniae, et Imperii Ro-
mani, periculoso statu. 4 Bl. 4⁰. [ca. 1671] in 24 kurzen Absätzen, der
Reihe nach mit einem Buchstaben des Alphabets beginnend, mit Germania,
Germania! schließend. Starke Wiederholungen, dunkle, gekünstelte Sprache, viele
Gemeinplätze. Darunter auch Geschmacklosigkeiten wie die folgende: Y, ein Mittel-
ding zwischen i und u, fehlt im Französischen; «nam et apud Gallos nihil
medium, extrema omnia u. s. w.» Unter W erfolgt der Hinweis auf das, was
Wassenbergius iam viginti ante annos in einer Paraenesis ad Germanos
vorhergesagt.
[2] Everardi Wassenbergi Maroboduus Redivivus . . . 1672.
S. Beilage IV.
[3] S. unten.
[4] Aurifodina Gallica, Französische Goldgrube 1672. S. Beilage V.
Vgl. Erdmannsdörffer, Deutsche Gesch. I, 585. Der Grundgedanke findet sich

Gedanken ausführt, daß Frankreichs politisches Übergewicht auf seinem Reichtum beruhe, daß dieser bedingt sei durch die Herrschaft der französischen Industrie auf dem Weltmarkt, welche ihrerseits von der Geltung der französischen Mode getragen werde. Nach unverfälscht merkantilistischen Grundsätzen wird dargethan, daß Frankreich um jähr= lich 70 Millionen reicher sei, als die übrigen Länder, daß also diese, und unter ihnen in erster Reihe Deutschland, jenem die Mittel zu ihrer eignen Unterdrückung selbst liefern. Diese französische Goldgrube zu schließen wird der Reichstag aufgefordert, durch Einführung eines wohlberechneten Schutzsystems für die einheimische Industrie nach Frank= reichs eigenem Muster und nach dem Beispiel, das erst jüngst die Vereinigten Niederlande mit ihrem Verbot gewisser französischer Waren gegeben.

Dabei werden einige recht anhörbare Vorschläge gemacht, haupt= sächlich mit Bezug auf die zur Zeit mögliche und naheliegende Be= lebung des Weinhandels nach den Niederlanden, wie z. B. Erleichterung der Zölle, Verbesserung der Schiffahrt, Kanalbauten u. dgl. Die An= regung zu so praktischen Vorschlägen muß der gelehrte Autor wohl aus fachmännischen Kreisen erhalten haben, ebenso wie das Zahlen= material über den französischen Handel, worauf er sich stützt. Beides dürfte aus den Niederlanden stammen, wo das Bedürfnis bestand, den Ausfall der französischen Produkte durch andere zu ersetzen, und wo damals auch Lisola sich aufhielt, in dessen Programm zur Bekämpfung Frankreichs dieselben Vorschläge ein wichtiges Glied bilden.[1] Waffen= bergs Gedanken, richtiger die Gedanken, die er in dieser Weise zuerst weitläufig ausführt, haben, wie sie denn den allgemein herrschenden Vorstellungen durchaus entsprachen, großen Anklang gefunden und kehren in der Litteratur vielfach wieder. Daß der Plan einer ein= heitlichen Leitung deutscher Wirtschaftsfragen an der politischen Ge= spaltenheit des deutschen Wirtschaftsgebiets von vornherein scheitern mußte, liegt auf der Hand. Zwar die populäre Agitation der Flugschriften und Flugblätter hat den Gedanken eifrig ausge=

übrigens nicht nur bei Leibniz (Securitas, Klopp I, 314), sondern schon von Lisola im Bouclier d'état ausgesprochen: «La France est un royaume qui a toutes ses parties unies, abondantes en hommes, industrieuses en commerce, qui attire avec ses bagatelles et ses modes l'argent de toutes les autres nations (p. 332 der 12°=Ausgabe von 1667).
[1] Das Nähere s. in Beil. V.

nutzt;[1] aber daß die Anregung praktisch wirksam geworden, ist nirgends zu finden; auch wäre dies durch den gerade damals ausbrechenden Krieg verhindert worden.[2]

### 3. Vor Ausbruch des holländischen Krieges.

Diesen Krieg zu verhüten war das dringendste Bestreben des Mannes, der so gern als Erzkanzler des heiligen römischen Reiches die Bedeutung, die er seiner Würde entsprechend hielt, auch in der Wirklichkeit behauptet hätte, die aber unrettbar dahinschwand, so oft die ihn umgebenden größeren Mächte zu den Waffen griffen. Johann Philipp von Mainz, der Mann der großen Politik mit den kleinen Mitteln, versuchte, wie so oft, auch jetzt wieder „aus bloßer Sorgfalt für das gemeine Wesen und den Frieden mit Raten, Ermahnung und Abfertigung seiner Gesandten alles, was zur Erhaltung der allgemeinen Beruhigung immer zuträglich sein konnte“. Er that noch mehr; auch durch Beeinflussung der Öffentlichkeit suchte er zu wirken. Die eben angeführten Worte entstammen einer eingehenden und anziehend geschriebenen „Politischen Betrachtung über den Zustand Europas“,[3] die ihren Ursprung am Mainzer Kurhof, auch trotz der Versicherung, „aus dem Italienischen“ übersetzt zu sein, nicht verleugnen kann.

Nie, heißt es hier, hat sich die Christenheit größerer Ruhe erfreut, seitdem auch dem Religionsstreit ein Ende gemacht wurde. Den Frieden zu erhalten, ist der Wunsch aller Staaten. Nur Frankreich ist stets unsicher und hat sich neuerdings den Krieg gegen die Holländer vorgenommen, um in den Besitz der spanischen Niederlande zu gelangen. Dem Schreiber graust es, wenn er an das Ungemach denkt, „daß die Christen so unmenschlich wider einander wüten“. Da wäre es doch

---

[1] Zuerst ist er wiederholt im Classicum Germani Vigilis (siehe unten) und in einem Recept Wie die Frantzosen durch gantz Teutschland können vertrieben werden. Gedruckt im 1672sten Jahr. 2 Bl. 4° (Karlsr. Arch.), das außerdem noch Ausweisung der französischen Gesandten verlangt.

[2] Die Aurifod. gall. erschien 1672, aber vor Beginn des Krieges; im Marobod. rediviv. beruft sich Wass. schon auf sie, jener aber weiß von der englischen Kriegserklärung noch nichts.

[3] Considerationes politicae super praesenti statu Europae. Politische Betrachtungen über u. s. w. S. Beilage VI. 1672. Sehr verbreitet.

beffer, wenn alle Friebliebenden „zeitlich ins Mittel treten", die ganze
Chriftenheit als eine einzige Republik die öffentlichen Streitigkeiten
fchlichten, den Krieg durch ihren Schiedsfpruch verhüten wollte, dem
Frankreich feine Anfprüche unterwerfen könne, um kriegerifche Lorbeeren
da zu fuchen, wo fie leicht und mit befferen Ehren zu erlangen find,
im Orient und in den fremden Weltteilen. — Diefe ehrlichen Ver-
mittelungsabfichten des Kurfürften, die hier in würdiger und an-
fprechender Form vorgetragen werden, find uns nicht neu; ihre Grund-
gedanken kennen wir zum guten Teil fchon aus Leibniz' Bedenken
über die Securität. Nicht unmöglich, daß diefer auch hier die Feder
geführt hat; der Inhalt — foweit er über den bloßen Vermittelungs-
gedanken hinausgeht — ift offenbar bohneburgifch.[1] Erfolg hatte der
Vorfchlag des europäifchen Schiedsgerichts natürlich ebenfowenig, wie
das in den Schlußworten bereits angekündigte Consilium Aegyp-
tiacum, um deffentwillen Leibniz bald darauf fo viel Mühe ver-
fchwendete. Für die Verwirklichung der Idee einer europäifchen
respublica christiana war wohl keine Zeit weniger geeignet als die
Epoche Ludwigs XIV. Auch die Berufung auf den Rat, den „der in
der That große Heinricus IV., König in Frankreich, gegeben", wird
nicht genügt haben, Ludwig XIV. den Plan eines allgemeinen europäifchen Schiedsgerichts mundgerecht zu machen.

So vielen auch die frieblichen Reden des Mainzers aus der Seele
gefprochen waren, es gab doch Männer, die in richtigerer Weife die
franzöfifche Politik zu beurteilen wußten. Ludwig XIV. hatte einen
Gegner, der nicht müde ward, die Bekämpfung Frankreichs zu predigen,
fei es auch in einem Angriffskrieg, — der auch einmal fchon mit
feiner Meifterfeder einen glänzenden litterarifchen Erfolg errungen
hatte. Lifola, deffen ganze Arbeit der Feftigung und Erhaltung der
Tripelallianz gedient hatte, ift, als diefe zerfiel, nicht ftumm geblieben.
Schon 1671 hatte er die fchroffe Zurückweifung des Gefandten Win-
difchgrätz durch den König zur Veranlaffung einer von Bitterkeit und
Mißmut, aber auch von unermüdlichem Eifer zeugenden „Warnung

---

[1] Wenn ich mich trotz der auffallenden inhaltlichen Übereinftimmungen
doch nicht zu der Behauptung von Leibniz' Autorfchaft zu entfchließen ver-
mag, fo hauptfächlich aus dem Grunde, daß der handfchriftliche Nachlaß, wie es
den Anfchein hat, hiefür keinen Anhalt bietet. Inhaltliche Übereinftimmung erklärt fich ungezwungen durch den Einfluß Bohneburgs; in fprachlicher Hinficht
find keine zwingenden Merkmale vorhanden.

an alle chriftlichen Potentaten" genommen.[1] Europa, ruft er aus, ift zur Sklaverei bereit, was Wunder, daß Ludwig ftets das Netz bereit hält, in das man mit Freuden geht? Noch hält die Hand, die uns ſchlug, das Eiſen, uns eine zweite Wunde beizubringen, die tödliche, aus der dann auch entfliehen würde «ce peu de liberté mourante, qui fait encore faiblement agir le corps des états». Alle Staaten vernachläſſigen ihr Intereſſe, am meiſten Spanien, das keinen Augenblick ſeiner mit ſo viel Demütigung erkauften Krone ſicher ift, wenn es ſich nicht entſchließt, ſelbſt zum Angriff vorzugehen. Nicht weniger der Kaiſer, der ſich durch ſeine verderbliche Gutmütigkeit die Verachtung der Seinen und der Fremden zugezogen hat, obwohl er es nicht ſchwer hätte, ſich Anſehen zu verſchaffen, wollte er nur ſeine Finanzen von den Blutegeln befreien, die ſie ausſaugen. Mit der Stimme der Kanonen ſollte man Frankreich zum Schweigen bringen, das da glaubt, wenn es ſpräche, müßten alle horchen. Dies ift das ein= zige Mittel, das die erloſchene Glorie eines Fürſten wiederherſtellen kann.

Die ſcharfe Strafpredigt an die Welt und nicht zuletzt an die eigene Regierung verhallte zunächft wirkungslos; bezeichnend immerhin, daß Liſola ſie wagte. Er hatte nun ſeine Aufmerkſamkeit vor allem den Vorgängen am Niederrhein zuzuwenden, wo der Kurfürſt von Köln, durch Fürſtenberg geleitet, im Begriffe ſtand, ſeine Länder, darunter auch das Bistum Lüttich, franzöſiſchen Truppen zu öffnen. Ein „Sendſchreiben an die Herren von Lüttich" erläßt Liſola unter der Marke eines verbannten lüttichiſchen Edelmanns, der ſeinen Lands= leuten heftige Vorwürfe wegen der Aufnahme franzöſiſcher Truppen macht und ſie vor ihrem Biſchof warnt, dieſem Reichsverräter, dieſer Mißgeburt des Hauſes Baiern, noch mehr vor der Bosheit des von Fürſtenberg, der „in ſeiner Prälatur kein anderes Brevier, denn eine Flaſche, keinen andern Altar, denn eine Tafel von ſeiner Üppigkeit und liederlichen Lebens" hat, deſſen Religion allein ſein Intereſſe ift, den Frankreich zum Coadjutor von Köln machen will, damit er ihm Lüttich unterwerfe.[2]

---

[1] Conférence infructueuse de Windisgratz, Treuherzige Warnung ꝛc. 1671. S. Beilage VII.

[2] Send=Schreiben Eines Lüttichſchen Edelmans / An die Herren von Lüttich / Sampt Einer Antwort eines Bürgers von Lüttich an den Edelmann. 1672. 38 S. 4°. (Berl. Gött.) Kann in dieſer Vereinigung nur Nachdruck ſein.

Fürstenberg antwortet auf diesen Angriff äußerst scharf und nicht ungeschickt, mit der Behauptung, der angebliche lüttichische Edelmann schreibe nur im Dienste Spaniens und der Generalstaaten; nebenbei auch mit ziemlich deutlichen Anspielungen auf Lisolas Person.[1] Von noch größerer Tragweite, als diese Lütticher Dinge, war wohl der Streit des Kölners mit den Generalstaaten um die Festung Rheinberg, den Frankreich zur Gewinnung des Kurfürsten auszunutzen wußte, während die kaiserlichen Diplomaten in Haag sich die Ver= mittelung angelegen sein ließen. Dies bewog die Fürstenberge zu einem heftigen Angriff auf die ganze Thätigkeit ihres verhaßten Gegners, wobei sie sich der gewandten Feder des Diplomaten Antoine de Verjus bedienten.[2] Eine Veröffentlichung von Aktenstücken, ver= sehen mit den gehässigsten Anmerkungen, denunzierte Lisola als von den Generalstaaten erkauft, als eigentlichen Leiter und beständigen

---

[1] Das Sendschreiben ist batiert Berlin, ben 24. Febr. 1672. Weist auf bas brutale Verfahren ber Franzosen in Burgunb, Flanbern, Lothringen hin, sagt Lüttich ein Gleiches voraus unb forbert zur Massenerhebung auf, zum Überfall auf die französischen Truppen, Zerstörung ihrer Befestigungen. Der Kurfürst ist „ein Mörder seiner Völker, ba er sollte ihr Vater sein, ein Verräter des Reichs . . ." Fürstenberg „wirb hineinschleichen wie ein Fuchs unb regieren wie ein Löw". . . . „Die Enbursache Frankreichs wirb sein, ben von Fürstenberg zum Coabjutor von Köln zu machen unb bes Fürstenbergers Zweck, baß er Frankreich zur Meisterin [hier scheint sich bie beutsche Ausgabe als Übersetzung zu verraten] mache über Lüttich." Für Lisolas Autorschaft sprechen bie angeführten scharfen Wenbungen, bie richtige Voraussicht ber französischen Absichten, sein bekanntes Interesse für bas Lütticher Lanb, um bas er sich nachher (1673) große Mühe ge= geben hat; enblich bie Anspielung ber Antwort. Diese ist batiert Lüttich, 25. März 1672. Der Briefschreiber sei weber Edelmann, noch aus Lüttich, wisse von ben Dingen nichts, phantasiere wie im Fieber. „Vielleicht seib ihr noch berjenige, ben man allenthalben finbet, ber ihr, nachbem ihr euch habt zu einem kleinen Könige machen wollen, burch einen Aufstanb bes Volks in eurer Lanbschaft enb= lich bahin gebracht seib worben, baß ihr nun anbers nicht regieren könnet, als burch allerhanb Schriften, bie Fürsten in ber Christenheit zu verwirren unb gegen einanber aufzuhetzen." (Vgl. Reynald, Revue historique XXVII. Hirsch, Hist. Zeitschr. LX, 470.) Der angeblich lüttichsche Edelmann schreibe im Inter= esse Spaniens unb Hollanbs, seine Schrift sei in Wirklichkeit in Brüssel erschienen. Der Kurfürst von Köln, Fürstenberg, unb seine Regierung werben gepriesen, in Hollanb bagegen seien „von 7 Provinzen, welche vorwenben, baß sie alle gleich frei seien, ihrer sechse bavon elenbiglich betrogen".

[2] Lettres et autres pièces curieuses sur les affaires du temps. Erschien Anfang April 1672 (cf. Diar. Eur. XXVII, 166). Siehe Beilage VIII.

Berater der holländischen Politik, als ganz und gar für diese und seinen persönlichen Ehrgeiz arbeitend.

Lisola antwortete[1] mit kaiserlicher Genehmigung, indem er rück=sichtslos offen das ganze Intriguennetz der französischen Diplomatie zerriß, ihre Umtriebe zur Umgarnung des Kölners aufdeckte, ihre ver=führerischen Anerbietungen am Berliner Hofe u. s. w. So gestaltet sich die Abfertigung eines persönlichen Angriffs zur umfassenden Ent=hüllung über die geheimsten Verwickelungen der großen Politik. Daß er es nicht unterläßt, bei dieser Gelegenheit auch eine beredte Selbst=verteidigung anzubringen, ist nur natürlich. Für die boshaften Ver=leumdungen des Gegners hat er nur überlegenen Spott und den Hinweis auf das Zeugnis seiner Vorgesetzten, aber mit stolzer Genug=thuung beruft er sich auf seine Verdienste im nordischen Kriege und bei späteren Gelegenheiten, weist er darauf hin, daß bisher seine so übel verschrieenen schlimmen Vorhersagungen noch stets zur Wahrheit geworden sind. Wie das stolze Glaubensbekenntnis eines unerschütterlich nur seiner Sache mit aller Kraft dienenden Mannes klingt es, wenn er angesichts all solcher Mißerfolge dennoch von sich sagt: Victrix causa deis placuit, sed victa Catoni.

Durch solche Aufklärung über den wahren Gang der Dinge, wie er sie hier giebt, hat sich der große Staatsmann und gewandte Schriftsteller gewiß kein geringes Verdienst erworben; und schon finden wir in dieser Zeit vereinzelt auch in nicht eigentlich politischen Schriften Anzeichen einer richtigeren Würdigung der Lage «Affectat hodie Gallus, quod olim Hispanus», schreibt im Juni 1671 der bekannte Gelehrte Schurzfleisch an seinen Gönner Friesen.[2] In einer litterarisch recht beachtenswerten «Apocalypsis»,[3] die bei Beginn des holländischen

---

[1] Le dénouement des intrigues du temps, par la réponse au livret intitulé: Lettres et autres pièces curieuses . . . 1672. Siehe Beilage VIII.

[2] Epistolae select, p. 18.

[3] Julii Chrytilli Veropolitani Apocalypsis. (Heib.) Anb. Ausg. (Berl. Helmst. Wien.) Verfaßt im Frühjahr 1672 (der Genius Galliae sei citatis equis Coloniam, illinc ad foederatos Batavorum ordines geeilt, um sie, die seit 1647 sein Krankenhaus verlassen haben, dorthin zurückzuführen). Der Autor ist in Wien oder jedenfalls in nahen Beziehungen zum Kaiserhofe zu vermuten, wie aus Anspielungen auf Gremonville und Lobkowitz hervorgeht. Er ist in Bezug auf Deutschland strengster Cäsarianer. (Der Kaiser plenum non habet imperium, quod iure et more probetur. Es sollte ihm wiedergegeben werden: Corporis

Krieges erschienen ist, zeigt sich dem Beschauer in nächtlicher Vision die Staatenwelt Europas in einem großen Krankenhause darnieder= liegend, dessen Arzt, der Genius Galliae, durch Gold, das einzige, aber in den verschiedensten Formen gereichte Arzneimittel aus der von Machiavell in Person geleiteten Apotheke, die Krankheit der einzelnen immer neu zum Ausbruch bringt. Das sind die verderblichen Wirkungen der machiavellischen ratio status, deren Schüler in der Hölle weh= klagen.

Wenn auch eine so ausgesprochen pessimistische Beurteilung der ganzen Zeit — sie erscheint hier im Bilde eines halbnackten Greises, der sein eigenes Fleisch aufreißt — sonst nicht öfter vorkommt, so erfreut sich doch mancher häßliche Zug, wie namentlich das französische Bestechungs= und Pensionswesen, einer auffallenden Bekanntheit. Nicht nur Lisola kommt, wie begreiflich, fast in jeder seiner Schriften darauf zu sprechen; auch Eberh. Waffenberg vermerkt unter Frankreichs Kunstgriffen „die heim= lichen Beschenkungen, von denen Polen vielleicht einmal ganze Bücher wird an Tag geben", wie auch manche Ministri an andern Höfen selbst „am besten wissen, wie viel ihnen jährlich solche Brocken ein= tragen".[1] Bald gehören die Wendungen von den „Strahlen des Goldes", vom „blinkenden Gold und Silber der leidigen Luisen", welche Fürsten und Dienern die Augen blenden, u. ä. m. zum eisernen Be= stand der nationalen Publizistik, so daß kaum eine in patriotischem Sinne abgefaßte Schrift sich ihrer entschlägt. Wie man in Holland allgemein die Brüder de Witt und ihre Partei für erkauft und be= stochen hielt oder zu halten vorgab, so gefiel man sich auch in Deutsch= land, wohl mit mehr Recht, in immer schärferer Brandmarkung dieses verderblichen Zustandes. Nicht nur offenkundige Verräter, wie die Fürstenberge, auch sonst achtungswerte Männer, z. B. einzelne der

---

ut teneat summus fastigia vertex Et capiti sese submittant cetera membra . . Et teneat iustusque regat Leopoldus habenas Naturae decreta iubent hominumque deique). Eine Schrift von vielfachen formellen Vorzügen; be= sonders die Verse, in denen Deutschland sein trauriges Los beklagt, zeichnen sich durch Schönheit aus (Sic ego, quae vario quondam sublimis honore Enitui, jaceo nunc sorte miserrima versa; Quaeque tremor fueram vicinae et gloria gentis, Nunc moveo visum et nostri sum dedecus aevi . . .). — Ganz geringen Wert hat dagegen ein Testament des H. Röm. Reichs, so wegen er= mangelnder Arznei zum öftern in Ohnmacht gefallen (wurde 1670 am Reichstag verbreitet, Abschr. im Karlsr. Arch.).

[1] Aurifod. gall.

brandenburgischen Räte, am meisten Schwerin, wurden ungescheut für bestochen erklärt.[1] In einer Schrift a. b. J. 1674 kommen sehr eigentümliche Bemerkungen über das französische Bestechungswesen zu Tage. Den „corrumpirten Ministris", heißt es dort, „wird bisweilen etwas von den geheimen französ. Confiliis vertrauet, . . damit sie selbiges bei ihrem Principal tanquam propria sagacitate fürbringen. Wenn dann der eventus solches bestätiget, werden solche Ministri als halbe Propheten angesehen." Unbestechliche Beamte sucht man zu kompromittieren, indem man ihrem Herrn Briefe in die Hand spielt, nach denen es scheint, als hätten sie Geld angenommen u. dgl. m.[2]

Man hat in neuerer Zeit in der Beurteilung solcher Thatsachen, selbst wo sie erwiesen sind, sich nicht zu hartem Verdammungsurteil entschließen wollen, die Annahme von Geschenken nicht als reine Be= stechlichkeit angesehen. Da ist es denn interessant zu hören, wie gegenüber den immer lauter erhobenen öffentlichen Klagen gelegentlich ein französischer Pensionär — nicht der schlechtesten einer — pro domo schreiben läßt. Mit cynischer Naivetät erklärt eine schon oben besprochene Stimme aus der Umgebung Boyneburgs:[3] „daß etliche von den unsern Geld angenommen sollen haben, ist kein Wunder; denn wer wollte so holdes Metall ausschlagen". Aber ihre Freiheit hätten sie darum nicht verkauft, sie würden dem König von Frankreich die Treue ebensowenig halten, wie er ihnen, und ihm bei Gelegenheit mit gleicher Münze zahlen. Auch Leibniz findet: „Gold sei nun vollends gar irresistibel. Wer kann so viel geharnischten Männern widerstehen? sonderlich auf den Fall des Bedürfnis, welcher in Teutsch= land auch gar zu regularis und ordinarius worden". Er äußert sich aber doch weit mehr entschuldigend, als verurteilend, wenn er weiter sagt, das Vaterland müsse darunter leiden, „nicht aus Intention deren, die es annehmen, sondern weil sie teils bonorum praesentium ge= nießen und de futuris die posterität sorgen lassen, teils denken, andere oder sie selbst werden schon den Franzosen eine Nase drehen, daß sie zu ihrem Zweck nicht gelangen".[4]

[1] S. Götterbote Mercur. Vgl. auch hierüber und über die französischen Pensionen an deutsche Gelehrte die Eröffnete französische geheime Ratsstube, siehe unten.

[2] Macchiavellus gallicus, s. unten.

[3] Verweis an den Französ. Wahrsager.

[4] Secur. II. § 49 (Klopp I. 299 f.).

Gegenüber solcher wenig ehrenwerten Schönfärberei berührt es wohlthuend, einen brandenburgischen Staatsmann mit unverhüllter Grobheit an eben jenen Bohneburg schreiben zu hören: „Keiner wird rechtschaffen und ehrlich handeln, noch seinem Fürsten und Herrn treu sein, er sei dann ein Verächter des Reichthums und dabei aufrichtig und unbestechlich".[1]

Auch für ihre anderen Schäden hat die Zeit meist ein offenes Auge. Es wäre zu verwundern, wenn in den Jahren, wo Pufendorfs Monzambano erschien, die Klage über die traurigen Verfassungszustände des Reiches sich nicht wie ein roter Faden durch die meisten publi= zistischen Äußerungen hindurchzöge. Wie beredt schildert damals Leibniz den Verfall der alten Macht des Reichs im Anfang seines „Bedenkens über die Securitas publica"! Man müßte etwa die Hälfte aller damals erschienenen Schriften ausschreiben, wollte man von der Allgemeinheit dieser Klagen einen Begriff geben. Wir werden ihnen im folgenden noch öfter begegnen. Zumal die erfolglosen Ver= handlungen des Regensburger Reichstags mußten bald genug den Spott herausfordern. Es ist noch milde, wenn ein Zeitgenosse den Beweis führt, daß der dort herrschende Sessionsstreit nie enden könne,[2] oder wenn ein anderer die Fruchtlosigkeit der Erörterungen über den sogenannten punctus securitatis mit dem Bemühen vergleicht, einen wohlgewappneten Riesen zum Gehen zu bringen, obgleich dessen eines Bein vorwärts, das andere rückwärts gerichtet ist.[3] Ganz respektloser= weise läßt man sogar gelegentlich Geldbeutel und Reputation die Gesandten anflehen, den Reichstag nicht, wie befürchtet werde, zu schließen.[4] Reputation stellt vor, in welchem Ansehen die Gesandten jetzt noch stünden: man rede sie mit „Ew. Gnaden" an, nenne ihre Frauen „Gemahlinnen", sie hätten Wagen, Pferde und Dienerschaft, die Fürsten selbst bewürben sich um ihre Gunst. „Wann Euch die Guardie nur erblickt, heißt es: Bursch ins Gewehr, der Herr Ab=

---

[1] Antwortschreiben an J. C. L. V. A. V. (Epistola responsoria . .) s. unten.

[2] Ewig wehrender Sessions Streit . . . durch Titiium Ger- manum,. . . 1673 (zusammen mit: Heutige Regierung DEs Römischen Reichs / . . . durch Titium Germanum. Anno 1673. 58 S. 4°. Münch.). Diar. Eur. XXVII App.

[3] Julii Chrytilli Veropolitani Apocalypsis, s. oben S. 32.

[4] Sollicitatio Marsupii et reputationis legatorum de non dissolvendis sed continuandis comitiis [1671], Abschr. im Karlsr. Arch.

3*

gesandte kombt!" Dies würde alles mit dem Reichstag ein Ende nehmen: „Die Kostbahrkeit werdt in Sparsamkeit und das Gutschen= fahren in ein ambulatorium pedale apostolicum verwandelt". An anderer Stelle fährt der neuankommende kaiserliche Kommissar die Gesandten an: „Dies soll ein Rathaus sein und ihr habt ein Plauder= haus und Waschgruben daraus gemacht".[1] — Wenn die Erkenntnis des Übels schon zur Besserung führte, so wäre es wohl gut geworden, denn an jener fehlte es nicht, wie man sieht, auch nicht an gut ge= meinten Vorschlägen zur Besserung, die freilich zum Teil nicht viel mehr als gut gemeint sind.[2] Aber wo selbst ein Pufendorf keinen andern Rat mußte, als zu erhalten, was bestand, damit nicht noch mehr unterginge, wie sollte man da anders als nachsichtig über der= gleichen Versuche urteilen dürfen? Wissen wir doch nur zu gut, daß es Verhältnisse waren, aus denen allein die Zeit und eine Politik von Blut und Eisen das deutsche Volk zu befreien vermochten.

### 4. Allgemeine Stimmung während der ersten Kriegsmonate.

Der Ausbruch des niederländischen Krieges, obwohl von langer Hand vorbereitet, hat Deutschland dennoch überrascht, so sehr es bei dem Ereignis in mehr als einer Hinsicht beteiligt war. Lehren dies schon die diplomatischen Quellen, so bestätigt es sich auch aus der politischen Litteratur.

Bei der Nachricht von neuen französischen Rüstungen habe man gestritten, heißt es einmal, ob sie den Spaniern gelten würden, oder Kaiser und Reich, oder dem Türken, bis man endlich erfahren, daß

---

[1] Auf des new ankommenden kayserl. Commissarii einzug zue Regensspurg. (Nachbildung von Ev. Luc. 19, v. 41—47.) Abschr. im Karls= ruher Arch.

[2] Außer den bekannten politischen Gutachten und den unten zu besprechenden „Wolmeinenden Erinnerungen" (Beil. XVI.) sind hier noch nachzutragen: Ein Blinder findet wohl auch zuweilen ein Huffeisen. Oder der wahrhaffte= getrewe= und auff gut teutsch gesinnete Patriot.... Im Anfang des Jahrs 1673. 26 Bl. 4°. (Berl. Heib.) D. E. XXVII. App. (Gut= achten, wie vor 130 Jahren die Einheit des Reichs hätte gerettet werden können.) cf. Zwiebineck, Öff. Mein. 35.

W. Chr. Kriegsmanns Aufsatz / Die Verbesserung des Geistlichen / Politischen und Haus=Wesens Im Heil. Römischen Reich betreffend... 6 Bl. 4°. (Berl.) And. Ausg. 12 S. 4°. (Wolf. Heib.) .. 3. Ausg. u. d. T.: Unvorgreifflicher Vorschlag / Wie.... 1672. (Dresb.) cf. Zwiebineck, Öff. Mein. 25.

es diesmal gegen die Holländer ginge.[1] Derselbe Zeuge versichert, außer dem Kaiser und Brandenburg, deren Entscheidung noch un= gewiß, und Köln und Münster, die gut französisch seien, ließen die übrigen Stände die Sache gehen und „bringen ihre Zeit zwischen Hoffnung, Furcht und Sorglosigkeit als bloße Zuseher zu, Gott und dem Glück, was aus so großer Kriegsunruhe dem Vaterland für Gutes oder Böses entstehen könne, heimstellende".[2] Dazu stimmt eine auffallende Unkenntnis von nächstbevorstehenden Dingen, so daß selbst aus diplomatischen Kreisen die Meinung verbreitet werden konnte, der Kurfürst von Brandenburg halte es für viel sicherer „stille zu sitzen, als einen, der mächtiger als er ist, wider sich in den Harnisch zu bringen und sich am ersten, ohne einigen seiner Freunde Frommen, dem Feinde zum Raube darzubieten".[3] Bezeichnender noch ist es, daß kurz vor Ausbruch des Krieges man England entweder für noch nicht gebunden hielt und es gegen Frankreich gewinnen zu können meinte, oder geradezu von ihm eine Kriegserklärung an Frankreich erwartete.[4]

Mit besorgtem Eifer stellte man überall die Frage, was denn die Ursache dieses Krieges sei? Ludwig XIV. antwortete in Manifesten und durch seine Gesandten mit einer Reihe stolz und ritterlich klingender Redensarten: der Hochmut der Holländer sei nicht länger zu ertragen; diese Republik, von Schiffern und Viehtreibern stammend, erkühne sich, Königen Gesetze vorzuschreiben, dieses zusammengelaufene Gesindel mische sich in alle Dinge.[5] Sogar zum Anwalt der Handelsfreiheit machte sich der König, dessen Minister Colbert war! Die Holländer zeigten einen Geiz, dem alles feil sei, so ließ er verkünden, und ob= wohl „das allgemeine Völkerrecht mit sich bringet, daß einem jeden zu handeln und zu wandeln frei und unverwehrt", so hätten doch jene sich unterstanden, den Welthandel zu zerstören, französische Waren zu verbieten, „gleich als ob sie allein Handel und Wandel zu treiben befugt wären". Da also „diese Geizhälse und Teurungsmacher jeder= manns Haß und Feindschaft wert" seien, so hoffe der Allerchristlichste

---

[1] Consid. polit. § 12 ff.
[2] Consid. polit. § 34.
[3] l. c. § 33.
[4] Wassenberg, Marobod. rediviv. — Französische Prognostication durch Michael Ruholts.
[5] Consid. polit. § 16.

König, im Vertrauen auf seine gute Sache, zu siegen, und erwarte, man werde ihm beipflichten und „denen misgünstigen und unwahrhaften Narrationen der Holländer keinen Glauben geben".[1]

Auch den Punkt der Religion hat man am geeigneten Ort geltend zu machen nicht unterlassen. „Es werde durch diesen Krieg die Fortpflanzung des Heil. kathol. Glaubens gesucht wider eine Republik, die eine rechte Grundsuppe (sentina) aller Secten und Ketzereien wäre, aus welcher täglich Misgeburten wunderseltsamer Meinungen herfürkämen",[2] u. dgl. m.

Man hat diese und ähnliche Ausstreuungen, von französischen Anhängern geflissentlich verbreitet, vielfach geglaubt. Zwar frühzeitig genug wurde von kompetentester Seite darauf hingewiesen, daß nichts als das Streben nach den spanischen Niederlanden die Bewältigung der Holländer erfordere; daß eine wirkliche Unterwerfung dieser letzteren für Frankreich keinen Gewinn, nur Schaden bringen könne, im Hinblick auf die große Verschiedenheit an Nationalität, Sprache, Sitte und Glauben;[3] daß dagegen die belgischen Lande eine bequeme und passende Erwerbung für Ludwig wären, „als welche nahe an Frankreich grenzen, — weiln auch die Inwohner an der Religion, Sitten und Gebräuchen, meistenteils auch an der Sprach den Franzosen ganz gleich wären".[4] Dennoch hat sich die Öffentlichkeit über den Punkt der Religion nicht so bald beruhigt. Man nahm die diesbezüglichen

---

[1] Classicus Christianissimi Regis Cantus In Praepotentes ac Foederatos Uniti Belgii Ordines ... 1672. Deß Aller-Christlichsten Königs Kriegs-schall gegen die Hoch-Mögende Herren Staaten ... (D. E. XXIV. App.) „Es hat der biesfalls bürftigen Natur durch die Handelschaft zu Hilfe gekommen werden müssen, als welche durch Vertauschung des, was dem einen mangelt, von deme, was der ander zuviel hat, ersetzet." Der König habe immer ein gutes Verhältnis mit den Niederlanden angestrebt, deswegen 1664 mit ihnen ein Bündnis geschlossen („deren Herz gleichsam die Commercien gewesen sind"). Er habe sich bemüht, „daß auch die angrenzenden Völkerschaften der gleichen Glückseligkeit genießen möchten", und deswegen Colbert nach England, Pomponne nach Schweden und Courtin nach Dänemark geschickt (!). Trotzdem haben die Niederländer „scharfe Edicten wider die französische Waren ergehen lassen", u. s. w. Vielleicht die dreisteste Lüge, die jemals gedruckt wurde.

[2] Consid. pol. § 17. Vgl. De universali monarchia, s. unten.

[3] Consid. polit. — Sinceri Germani epistola, s. unten. — Wohlgemeinter

Verficherungen Ludwigs ernst, man glaubte, daß es auf eine Er=
oberung der Vereinigten Niederlande abgefehen fei, „die der rechte
Arm der Reformirten Religion find",[1] man glaubte an ein geheimes
Einverftändnis zwifchen Frankreich und dem Kaifer im katholifchen
Intereffe, erklärte fich damit die fonderbare Kriegführung der Kaifer=
lichen im Winterfeldzug 1672/3 und flüfterte fich zu, der Kurfürft
von Brandenburg habe nur darum nicht zu fchlagen gewagt, weil er
in diefem Fall fürchten mußte, von feinem Bundesgenoffen im Stich
gelaffen oder im Rücken angefallen zu werden. Ja man brachte fogar
die Verfolgung der Proteftanten in Ungarn damit in Zufammenhang
und witterte einen weit angelegten Plan gegen die Evangelifchen in
Deutfchland.[2] Gerüchte, die von den Franzofen felbft gefliffentlich
genährt worden fein follen,[3] und mit deren Widerlegung fich noch bis
ins folgende Jahr einzelne kaiferlich gefinnte Schriftfteller befchäftigen,
indem fie den Nachweis führen, daß der gegenwärtige Krieg, wie ein
geflügeltes Wort lautete, „kein Religions=, fondern allein ein Regions=
krieg" fei.[4] Und trotz aller Widerlegungen fcheinen befonders miß=

---

[1] Theses von der Gerechtigkeit, fiehe unten. Ähnlich äußert ein Consilium, Welches der König in Frankreich Ihrer Päbftl. Heyl. foll
vorgefchlagen haben . . . (Abfchr. im Karlsr. Arch.), es müßten zuvor alle
Ketzer ausgetrieben fein, bevor der Türke mit Erfolg bekämpft werden könnte.

[2] Neuer Friedenscourier 1673 f. Beil. IX.

[3] Befonderen Argwohn erweckte nach feinem Bekanntwerden der französisch-
kaiferliche Neutralitätsvertrag vom 1. Nov. 1671. In einer offiziellen Antwort
auf Gravels Memor. an den R.T. vom 1. Mai 1673 («Refutatio der Gravellifchen
Memorialia», Wien. Arch. Friedensakten 1673, Mai) heißt es: „Es haben nebenft
auch bey Chur- und Fürften die franzöfifchen Miniftri angebracht, daß (der
Kaifer durch fein Bündnis mit den Generalftaaten gegen den Neutralitätsvertrag
von 1671 gehandelt) und dadurch J. K. M. das contrarium der gantzen ehr-
bahren Welt zuerzeigen necessitirt, fonderlich weiln feithero gantz ohngründlich
ausgefprengt worden, alß ob J. K. M. zu Undertruckung der Reichs Ständte,
fo der Augfpurg: Confession beygethan, ein nachdenckliche alliance gefchloffen."

[4] Zuerft gebraucht in der Schrift: Wohlgemeinter und nicht weniger
curieufer Discours Worinnen endlich nichts / als alleinig die
liebe Warheit / Sincerität und Discretion folle Platz haben: Und
welcher zu nichts anders angefehen ift / als alleine einige zwar
eifferige / jedoch . . nicht recht berichte Catholifche . . zu defabufiren /
wegen ihrer animosität gegen die Holländer. 4 Bl. 4°. (Berl.) Anb.
Ausg. o. Tbl. 8 S. 4°. (Heib.) Vgl. Zwiebineck, Öff. Mein. 85. Der Kern
der Ausführung ift, man dürfe „die Religion nicht per illicita remedia propa-
giren", «quod non sunt facienda mala, ut inde eveniant bona», daß vielmehr

trauische Leute auch dann noch an der Ansicht festgehalten zu haben, daß „wenn nicht ratio status es diesmal verhindert hätte, es wol auf eine Ausrottung der Ketzer hinausgelaufen wäre".[1] War der Argwohn auch gegenüber Kaiser Leopold durchaus unbegründet, so ist er doch nicht wenig bezeichnend für die noch immer nicht völlig beruhigte Stimmung der protestantischen Welt. Hinsichtlich Ludwigs aber hat er recht behalten: die französische Politik wußte die „Religion" mit der „Region" gleichzeitig im Auge zu behalten.

Was den Kurfürsten von Köln bewogen hatte, sich an dem französischen Überfall auf die Generalstaaten zu beteiligen, das wußte man nur zu gut; allgemein war bekannt, daß dieser unbedeutende Wittelsbacher sich völlig vom Bischof von Straßburg und dessen Bruder Wilhelm leiten ließ, und wer es noch nicht wußte, dem sagten es Lisolas Schriften. Christoph Bernhard von Galen hingegen, der kriegslustige Bischof von Münster, hielt für nötig, der Welt in 26 Punkten auseinanderzusetzen „Was Gestalt an Seiten der Vereinigten Niederlande der zu Cleve 1666 geschlossene Fried fast in allen Stücken gebrochen worden".[2] Hier war zu lesen, wie die Staaten dem so friedfertigen Bischof die Neutralität im bevorstehenden Kriege verweigert und ihn dadurch in seiner Ehre und teutschen Libertät gekränkt hätten, so daß er sich um seiner Sicherheit willen mit Frankreich habe verbinden müssen, zu niemandes Offension, „nur zur Abtreibung ungerechten Gewalts".

In der Wertschätzung seiner Zeitgenossen kommt der wenig geistliche Bischof schlecht genug weg. Nicht nur in gegnerischen Kreisen, wie in den kurbrandenburgischen, wo man überhaupt auf die geistlichen Fürsten nicht gut zu sprechen war, weil man unter ihrer Nachbarschaft zu leiden hatte, nicht nur dort werden die schärfsten Urteile über ihn geäußert, den „unruhigen Guckguck", auf den man besser acht haben müsse, den man zum Meßlesen und zur Seelsorge anhalten, ihm den

---

«pro communi interesse et status conservatione Katholische und Protestirende wol können zusammen Bündnisse machen". — Könnte sowohl aus brandenb. wie aus Lisolaischen Lager stammen.

[1] Reform. Friedenscourier, s. Beil. IX.

[2] Kurtzer Bericht Was Gestalt An Seiten der Vereinigten Niederlanden der zu Cleve im Jahr 1666. den 18. April. mit Ihrer Hoch Fürstl. Gn. zu Münster / rc. geschlossener Fried fast in allen Articulen und Puncten gebrochen. Getruckt im Jahr. 1672. (Diar. Eur. XXV. App.)

unanständigen Degen abgürten müsse.[1] Auch andere Stimmen klingen
wenig günstig; der „Götterbote Mercur" z. B., nachdem er über das
Kriegführen der Bischöfe sich durch die Unterscheidung zwischen ihrer
geistlichen und ihrer reichsfürstlichen Person hat beruhigen lassen, wirft
die heikle Frage auf: „wo der Bischof alsdann hinkäme, wann der
Soldat in den Himmel abgeholet würde, darein der Bischof nicht hat
kommen wollen?" Ein boshafterer Gegner malt schadenfroh den An=
blick aus, den Sr. Hochwürden bereinst darbieten würden, wann sie
anstatt mit etlichen tausend bekehrten Schäflein, „mit etlich tausend
Teufelskindern, so alle mit Wunden und Blut besudelt seien, in Be=
gleitung eines unzähligen Trupps stinkender Commißhuren und Mar=
katennerweiber aufgezogen kommen wird".[2] Der gelehrte Kaspar
Ziegler unternahm sogar den gründlichen historischen Nachweis, daß
solch kriegerisches Treiben einem Geistlichen nicht anstehe, durch eine
„Ausführliche Beschreibung aller Bischöfe, so von Anfang der christlichen
Kirche sich in Kriege und Kriegshändel eingelassen", in deren Reihe
als letzter und schlimmster Christoph Bernhard erscheint.[3]

Eine allgemein verbreitete und folgenschwere Täuschung war es,
daß man die Widerstandskraft der Niederlande sehr hoch schätzte. Der
Reichtum des Landes, eine Reihe von Glücksfällen, welche die mangel=
hafte Leitung seiner Politik verschleierten, diese sogar als glänzend
und erfolgreich erscheinen ließen,[4] hatten überall den Glauben erweckt,
Frankreich würde der Macht des freien Volkes gegenüber mindestens
einen schweren Stand haben.[5]

---

[1] Nachdenkliches Gespräch, s. unten.

[2] Nachdenkl. Gespr.

[3] Ein Vngeheuer Wunder Ein Bischoff ein Soldate / Ein Soldate
ein Bischoff / das ist / Außführliche Beschreibung aller Bischöffe / ....
durch Ernest von Waffenburg [nach Weller: Kasp. Ziegler]. In Ver=
legung Johann Freibergs. Gedruckt zu Wallhausen / Anno 1674. 52 Bl.
4°. (Wolfb.)

[4] Ich beziehe mich auf Peter, Jan de Witt, Hist. Zeitschr. XIII. 112 ff.
(besonders 123 Anm.).

[5] Verweis an den Französ. Wahrsager.
Consid. polit. § 43. Französ. Prognostication durch Michael Ruholts.
Für die Art dieser Prognostiken ist bezeichnend, daß im allgemeinen auch hier
von tapfrer Gegenwehr der Niederländer gesprochen, gelegentlich aber bemerkt
wird: „Das wunderbare 1672. Jahr scheinet, daß Frankreich triumphiren wird,
wie ein ander Julius Caesar". Eine vollkommen vereinzelte Ansicht.

Um so größer und erschütternder war nun der Eindruck der raschen und glänzenden Erfolge, die Ludwigs Waffen in den Niederlanden ernteten, Erfolge, welche eine eigene kleine Litteratur von Lob- und Preisschriften über alle Maßen zu erheben, ihre wahre Bedeutung bis ins Lächerliche zu übertreiben bestrebt war. Man unterließ nicht, diese Glanzleistungen höfischer Schmeichelkunst auch in Deutschland zu verbreiten und einiges hat sich hier davon erhalten, wiewohl bezeichnenderweise nicht eben viel. So das in vier Sprachen gedruckte Symbolum regium des Abbé de Brianville mit dem auf die Generalstaaten bezogenen Motto: Evexi, sed discutiam.[1] So vor allem zwei alle Grenzen überschreitende Lobhubeleien, deren Verfasser augenscheinlich ein Deutscher, der bekannte Johann Frischmann, ist.[2] Ludovicus Maximus, nulli secundus, divinus et unus wird hier kühnlich über Cäsar und Alexander an Kriegsruhm gestellt, da ihm gelungen ist, was keinem früher, die Bändigung des holländischen Löwen. Schon feiert Frischmann die balbige Unterwerfung der Niederlande unter das Lilienzepter und sagt ihnen ein neues Zeitalter von Glück und Blüte vorher.

---

[1] Symbolum Regium oder Königliches Sinnbild / jetzt regierendem König in Frankreich Ludovico XIV. . . zu Ehren ausgefertiget . . . Gedruckt im Jahr 1672. 5 Bl. 4°. (Berl.) Französ., lat., deutsch und holländ. Damit verbunden ein entsprechendes Gedicht auf Oranien und seine tapfere Gegenwehr. — Anh. Ausg. deutsch u. franz. 1 Bl. 4°. (Heid.)

[2] Triumphator Batavicus. Anno, Quo LVDoVICVs trIVMphat [1672] 24 S. 4°. und Batavia Triumphata. Anno Quo summus humanarum Arbiter rerum DeposVIt potentes De seDe, et eXaLtaVIt FranCos [1672, das F des Anagramms deutet wohl auf den Verfasser] 15 S. 4°. (Wolf. Heid.) Beide in dem bekannten Frischmannschen Lapidarstil. In der Schilderung der diversi animorum motus heißt es: «Rom. imperium, victorem quo viciniorem, eo habet formidolosiorem»; seine Macht aber ist «vicinis hactenus innoxia (!), invidis suspecta solum et aemulis. Potentis voluntas paci Westphalicae, semper ipsi sanctae, innexa est». Dies ist dem Reich bezeugt «literis, ore, oblatis pignoribus (?). His credendum, aut nil credendum imperio». Daher ist Rüstung überflüssig, dem Reiche lästig und gefährlich, denn wenn sie Ludwig beleibigt. «actum de pace Westphalica». Österreich darf Spanien nicht unterstützen. Brandenburg ist in Cleve «armis Galliae depulsus, statim iterum futurus victoris ope plenarius (possessor); quin et Geldriae possessor fiduciarius, si velit et quiescat. Prudens malit victoris quam victorum esse amicus; . . Reliquorum motus animorum horum sun t appendices et sequaces.»

Sogar auf einen gut kaiserlich gesinnten Schriftsteller, der an der Überlegenheit von Kaiser und Reich festhält, macht doch die Größe und der Glanz der französischen Macht einen tiefen Eindruck.[1] Aber während an Ort und Stelle in den Niederlanden die sich rasch folgenden Ereignisse des Sommers 1672 eine Hochflut von Broschüren und Pamphleten jeder Parteifarbe und jeden Kalibers hervorrufen, wie sie in ähnlichem Maße kaum je vorgekommen ist, sind im Verhältnis dazu die Leistungen Deutschlands gering zu nennen. Ein großer Teil der holländischen Schriften wurde eben auch im Auslande massenhaft verbreitet — hielt doch selbst Ludwig XIV. für nötig, vor den „unwahrhaften Narrationen und Schriften der Holländer" zu warnen — und diese holländischen Erzeugnisse befriedigten wohl zum guten Teil das Bedürfnis der Leser, übertrafen jedenfalls an Reiz, auch wohl vielfach an Bedeutung alles, was anderswo geschrieben wurde.[2]

In Deutschland entstandene Schriften sind — namentlich zu Anfang — meist satirischen Inhalts, schildern in populären Be-

---

[1] Elogium in armaturam gallicam. 4 Bl. 4°. (Berl.) Gleichfalls im Lapidarstil, aber weniger gut. Ludwig XIV., ein anderer Pompejus, stampft Heere aus dem Boden, um die alte Herrschaft der französischen Könige über Deutschland wiederzuerlangen. Deutschland aber, das nichts gelernt hat als zu kämpfen, wird seine durch soviel Stürme behauptete Freiheit auch gegen die Gallier siegreich verteidigen, die nur durch deutsche Hilfe auf den Sieg hofften und nur zwei gute Herrscher gehabt haben: Karl d. Gr. und Ludwig d. Fr. Dagegen weist das Haus Österreich auf: Rudolf I. den Siegreichen, Albert I. den Triumphator, Rudolf II. terror orbis u. s. w. Leopold ist Felix.

[2] Da auf die so umfangreiche holländ. Publizistik dieser Jahre — man gewinnt einen Einblick schon aus dem Anblick der Kataloge — hier natürlich nicht näher eingegangen werden kann, so seien wenigstens die folgenden Schriften als die bedeutendsten und auch in Deutschland verbreiteten genannt: Der Grosse und Weisse / Oder Groot und Witte Teufel ... 1672 (4 deutsche Auflagen. Denunziert die Regierung de Witts, sehr bedeutend). — Considerationes oder Betrachtungen über den gegenwärtigen Zustand der Vereinigten Niederlande 1672 (sehr schön; Verf. soll Jac. Borstius sein). — Copia Eines Briefes / Geschrieben aus Rotterdam .. 1672 (auch u. d. T.: Sonderbare und bißhero Unentdeckte Begebenheiten ... 1673). — Der betrogene Engländer .. 1672 (2 deutsche Aufl., sehr interessant. — Vom Standpunkt der Partei de Witts: Erzehlung der vornehmsten Dinge / so sich seit etliche Jahren ... zugetragen .. 1672 (denunziert Beverning und die Freunde Englands, zeigt die innere Verwirrung). — Das in England Neugebackene Benesoen ... 1672 (denunziert Oranien, in Versen. Mehrere Entgegnungen). — Das unbefleckte Wit / ... o. J. (gegen die Considerationes, 2 deutsche Aufl.)

trachtungen, selten mit ausgesprochener Parteinahme, die gefahrvolle Lage der Staaten, verspotten sie auch wohl mit Vorliebe unter dem Bilde ärztlicher Beratung und Verordnung, nicht ohne Witz, aber nicht immer geschmackvoll. Da erscheinen einmal die europäischen Mächte als Ärzte am Bett der kranken Frau Batavia, der sie die verschiedensten Verordnungen gegen ihre „Schlafsucht" und ihren «Morbus gallicus» erteilen. Vergeblich hat der Brite „Oranienäpfel" angeraten, der Franzose empfiehlt „Aderlässe und französische Weine, anstatt der ungarischen", meint auch, man müsse „aus christlicher Lieb manchem Hypochondrico ohne seinen Dank und Willen Gutes thun".[1] Ein anderes Mal ist es allein der brandenburgische Arzt, der die rechten Verordnungen giebt, in denen allegorisch die Unterstützung des Kaisers, Spaniens und der Deutschen, sowie Abschaffung alles Französischen — als Diät — und fleißige Konsultation des Kurfürsten, vor allem aber Freigiebigkeit vorgeschrieben wird.[2] Mit beißendem Hohn über die schlechte Kriegführung der Staaten äußert sich ein recht derbes „Gespräch zwischen einer holländischen Frau und Mann".[3]

Daß Franzosen und französisch Gesinnte nicht unterließen, ihrer Genugthuung über den Sturz der verhaßten „Käsekrämer"[4] Ausdruck zu geben, versteht sich von selbst; gelegentlich werden auch wohl alle europäischen Potentaten aufgefordert, sich an jenen zu rächen, der Kaiser an die Unterstützung erinnert, die sie den Rebellen des 30jährigen Krieges geliehen, der „siegende Brandenburger" gefragt, wie lange er seine Städte im Rachen des Löwen stecken lassen wolle? Sie alle

---

[1] Discursus Medico-Politicus über den Zustand von Holland. 4 Bl. 4°. (Berl. Wolf.) Anb. Ausg. 4 Bl. 4°. ohne Titelbl. (Helmst.) — D. E. XXV. App. — Vorrede datiert 3. Febr. 1672.

[2] Cur der von Morbo Gallico inficirten und fast tödtlich darniederliegenden Damen von Holland. Gedruckt im Jahr 1672. 4 Bl. 4°. (Wolf. — Anb. Ausg. Helmst.) — Ähnlich: Beschreibung der kränklichen Befindung Hollands / und dessen gerathene Cur. M. DC. LXXII. 2 Bl. 4°. (Wien.)

[3] D.P.F.G.B. (Proteus Gallo-Belgicus Benebenst einem Gespräch)... Anno 1672. (Wolfb.) Abgedruckt bei Zwiebineck, Öff. Mein. S. 27. Der «Proteus» ist eine äußerst geschickte Spielerei.

[4] So in einer Lettre Aux Hollandois Virelay (anonym). A Paris chez André Gramoist, ... 1672. 6 S. 4°. (Heib.) «A vous marchands de fromage, Portefaix de l'Océan, Salut, révérence, hommage ....»

sollten ihre Waffen mit denen des Allerchristlichsten Königs vereinigen.[1] Ja, es findet sich sogar ein sonderbarer „Daniel", der dem holländischen „Nebukadnezar" sein „trauriges und erschröckliches Gesicht" auslegt, indem er der Republik den Untergang durch die Fürsten des ganzen Römischen Reiches weissagt, weil sie zu stolz und üppig gewesen, sich gegen ihren König empört, die heilige Kirche gekränkt hätten; auch „die schöne weiße Lilien würden sie nicht mehr so freundlich anlachen, sondern sich in stechende Dornen verwandeln".[2]

Allgemein ist ein tiefer Eindruck von dem unerwarteten Schicksal, daß die eben noch so mächtigen Staaten betroffen, mag er sich nun in Spott und Genugthuung, oder in wohlwollender, teilnehmender Weise äußern. Denn auch daran fehlt es nicht. Hier werden die Niederländer aufgefordert, bei dem neuesten erschrecklichen Kriegsgesang des Hahnen zu erwachen, aufzustehen, sich zu bewähren als alte Batavier; denn Frankreich wolle sie ganz unterdrücken, es sei ihr Türke. Das Glück habe mit Ludwig XIV. das Vermählungsbeilager gehalten. Hilfe von andern Mächten hätten sie nicht zu erwarten, denn „die freie Staatsgemeinden sind gleich wie die Tauben, die Könige sind die Stoßvögel". Darum sollten sie, eingedenk ihrer Vorfahren, deren Tapferkeit anziehen: Frankreich ist voll Windes, der König vom Ostwinde der Herrschaft grob schwanger, „er ist ein König über Esel; wird er euch unter sein Joch bringen, so werdet ihr müssen Esel sein". Machet also nicht die allgemeine Redensart wahr: „Er gehet durch wie ein Holländer", daß die Hochmögenden nicht Ohnmächtige weiden.[3]

---

[1] Jubel-Jahr der vereinigten Niederländischen Provincien Anno 1672. Neben angefügter prächtiger Begräbniß und Gedächtniß-Seule. Aus einem Lateinischen Exemplar ins Teutsche übergesetzt. 4 Bl. 4°. (Helmst.) Die „Gedächtnissäule" ist Übersetzung eines ursprünglich lateinisch und holländisch erschienenen Epitaphium Batavorum, Anno MDCLXXII. 6 Bl. 4°. (Berl.) Auch unter dem Titel: Mausolaeum Agonizantis Batavii, Ultimis verbis. Sibi ipsi descriptum, 4 Bl. 4°. mit geringen Abweichungen. (Helmst.) Vgl. Tiele, Bibl. van Pamfl. 6149. Eine sehr schöne Schrift.

[2] Deß Holländischen Nabuchodonosoris trauriges und erschröcklichen Gesichts / so ihme mitten in seiner besten Ruhe und Wohlleben erschienen / Verdolmetschung und Außlegung durch den Propheten Daniel. Gedruckt im Jahr 1672. 4 Bl. 4°. (Berl.) Auch ein Testament der 80 jährigen Gräfin von Holland ist vorhanden (Abschr. im Karlsr. Arch.), worin Philipp (II.?) von Spanien zum Universalerben eingesetzt wird, während Frankreich und Österreich einzelne Provinzen erhalten.

[3] Holland-betreffende Stichel-Rede; Nach Arth derer Altüblicher Römischer Obschriften / den unter dem Titul: Satyra Batavica; im Druck aus-

Dort wieder richtet ein „Deutscher Wahrsager" an die furchtsamen Batavier eine kräftige, bitter strafende Anrede,[1] schilt sie, daß sie alle andern Götter verlassend, allein den Reichtum auf schmutzige Weise angebetet, ja nicht einmal für Soldaten und einen tüchtigen Führer gesorgt, sondern sich nach Verwandtschaft und Freundschaft gerichtet hätten. „Gerade gegen die Tapfersten allzu herrisch und karg, habt ihr alle Guten von eurem Dienst abgeschreckt. Glaubt ihr, daß die Helden euch jederzeit käuflich sein werden, die ihr selbst keine Tapferkeit anerkennt? Ihr beurteilt wol andere nach euch, die ihr Leben, Ehre, Freiheit, Altar und Herd dem Feinde mit gefalteten Händen überliefert habt, ihr schnöden Sclaven des Reichtums! Besiegt seid ihr durch keine feindliche Macht oder Tapferkeit, sondern durch Zwietracht, eigene Laster, Geiz und vielleicht Verrat." — Wenn aber ihr euch ermannen werdet und unter der Führung des neuen Diktators, des Oraniers, dem Feinde als alte Batavier entgegentretet, so werden alle herbeieilen, um das Feuer zu löschen, und diese Vernichtung des Gleichgewichts nicht zu dulden. Zumal für England wird die Erhaltung der Glaubensgenossen Gewissenssache sein.

---

gegangenem Lateinischem Uhrsprungs-Auffsatze in Teutscher Sprache gleich geformet. Gedruckt im Jahr 1672. 2 Bl. 4°. (Berl. Helmst. Heib.) Der „Ursprungsaufsatz" fand sich abschriftlich im Arch. zu Karlsruhe.

[1] Veridisus Germanus ad pavidos Batavos. Lugduni apud Alethophilum Parrhisiensem Anno M. DC. LXXII. 12 S. 4°. (Berl.) Daß bei den sämtlichen zuletzt genannten Schriften über die Verfasser keinerlei Vermutungen angestellt worden sind, wird man bei dem Charakter derartiger allgemeiner Reflexionen nur natürlich finden. Eine bedeutende schriftstellerische Individualität zeigt eigentlich nur der zuletzt erwähnte Veridic. German. Aus einzelnen wiederkehrenden Wendungen und Anklängen Vermutungen herzuleiten, ist hier weniger berechtigt als sonst, da das Vorhandensein allgemein beliebter Schlagworte gerade in solchen Zeiten eine bekannte Erfahrungsthatsache ist. — Einen Ursprung in politischen Kreisen schien mir keine der behandelten Schriften zu verraten. — Bezeichnend für das allgemeine Interesse und seine an Neugier grenzende Art ist das Erscheinen einer ethno- und topographischen Beschreibung der Niederlande: Holländischer Mercurius. Erster Theil / Vorstellend Eine .. Beschreib- und Abtheilung des ganzen Niederlands / ... Gedruckt zu Franckfurt am Mayn / In Verlegung Wilhelm Serlins / Buchhändlers. Im Jahr 1672. 70 S. 4°. (Wolf.) Fortsetzung 1673 (Wolf.). Auch u. d. T. Kurze Beschreibung des Niederlands in D. E. XXV App. — Ein kurzer Auszug davon scheint zu sein die Kurze doch richtige Beschreibung der XVII. Niederländischen Provinzien ... 1672. 4 Bl. 4°. (Berl.) Enthält einige recht ergötzliche Etymologien, z. B. Holland von Holzland oder von Hohland.

Auf wie wenig Sympathie im Grunde das Kaufmannsvolk der
Holländer rechnen durfte, zeigt schon der Umstand, daß man gelegentlich
sogar eine Verteidigung ihrer Handelsthätigkeit für nötig hält. „Es
fahren die Holländer durch die ganze Welt, bringen hie einem Ort
überflüssige, an dem andern abgehende Waren aus und ein und hängen
also Ost und Westen, Süd und Norden durch die Schifffahrt an
einander. Wer wollte ihnen wol den durch so viel Gefährlichkeiten
und mit so großer Mühe erworbenen Gewinn mißgönnen? Es haben
nicht allein die Holländer, sondern auch alle europäischen Völker von
der Zeit an an Reichtum zugenommen, da die Vereinigten Niederländer die Commercien weit und breit zu treiben angefangen." [1] Doch
dies ist ein sehr vereinzeltes Urteil; wo man sonst auf die Sache zu
sprechen kommt, geschieht es durchaus im entgegengesetzten Sinn. Vom
Mittelmeer hätten sie alle übrigen Völker ausgeschlossen, dadurch alle
Europäer erbittert, „das Fett von ganz Europa aufgesogen". Würden
sie davon und von dem beanspruchten Monopol in Indien nicht lassen,
so sollten sie sich rüsten, „mit eselhafter Gedulb den gallischen Zaum
zu ertragen, oder ihr Land den Fluten, ihren Staat dem Untergang,
der Vergessenheit überliefern"; zu ihrer Rettung wäre dann niemand
bereit. [2]

In gewissem Sinne ist also die allgemein herrschende Stimmung
dem gewaltthätigen Angriff entgegengekommen. Wertvoller gewiß
war es für die französischen Pläne, daß das von den Generalstaaten
seit langem befolgte Barrieresystem — holländische Besatzungen in den
Festungen der benachbarten Fürsten — ihnen die Feindschaft, Frankreich die Allianz von Kurköln verschafft hatte. Derjenige freilich, auf
den dabei noch mehr angekommen wäre, hatte sich durch keine glänzenden
Anerbietungen verlocken lassen, — der Kurfürst von Brandenburg.
Mehrfach schon ist uns entgegengetreten, wie seine Entschließungen
von den Zeitgenossen mit Spannung erwartet wurden, wie er ihnen
schon neben dem Kaiser als Führer der deutschen Fürsten erschien. [3]
Wir haben auch gehört, wie man mit Bestimmtheit meinte erwarten
zu dürfen, er werde es vorziehen, stille zu sitzen, statt „sich am ersten

---

[1] Consid. polit. § 47. — Waffenbergs Lobrede auf die holländische
Handelspolitik (in der Aurifod. gall.) halte ich nicht für unabhängig.

[2] Verid. Germ. ad pav. Batav.

[3] S. oben S. 37 und 42 Anm. 2.

dem Feinde zum Raube darzubieten".[1] Der Kurfürst dachte anders. Oft genug hat er die Welt durch plötzliche und tollkühne Entschlüsse überrascht, mehr als im Jahr 1672 kaum jemals. Durch Verweigerung der geforderten Neutralität zog er allerdings die Macht der Feinde zuerst auf sich. Denn Ludwig XIV., keine Rücksicht kennend, behandelte nun die clevischen Lande des Kurfürsten wie feindliche. Konnte aber schon an und für sich ein französischer Angriff auf die Niederlande dem deutschen Reiche keineswegs gleichgiltig sein, so machte diese handgreifliche Grenzverletzung die Frage brennend, sie mußte das Reich selbst in den Krieg verwickeln, wenn anders der Zusammenhang der Reichsstände mehr, als eine bloße Redensart war und de Witt mit seinem wegwerfenden Urteil nicht recht behalten sollte, die Glieder des Reiches seien durch Draht, nicht durch Sehnen miteinander verbunden.[2]

So beginnt denn auch alsbald nach der Eröffnung des Krieges, neben der diplomatischen Aktion herlaufend, eine lebhafte litterarische Erörterung der Frage, wie sich das Reich in seiner Gesamtheit zu den neuesten Ereignissen zu stellen habe. Sie geht, wie in der Zeit nun einmal nicht anders zu erwarten, von der Rechtsfrage aus. Damals war es, daß auch Leibniz' Erläuterungen zu dem berüchtigten § et ut eo sincerior des Instr. Pacis an die Öffentlichkeit drangen,[3] die schon vor zwei Jahren bei Gelegenheit der Schwalbacher Konferenz für Kurfürst Johann Philipp verfaßt waren, in denen trotz aller Einwendungen die Berechtigung für Kaiser und Reich zur Unterstützung des burgundischen Kreises im Fall eines französischen Angriffs dargethan wird. Die Veröffentlichung war eigentlich gegenstandslos — der Angriff traf ja vorderhand gar nicht die spanischen Niederlande, wie man früher erwartet hatte, — und Leibniz hat die Verantwortung

---

[1] Consid. polit. § 33.

[2] Peter, Histor. Zeitschr. XIII. 123.

[3] Breve illustramentum Pacis Germaniae Cum Rege Christianissimo Super Articulo Et ut eò sincerior. A. C. cIɔ Iɔc LXXII. 6 Bl. 4°. (Wien. Heid. — Anh. Ausg. Berl. — Diar. Europ. XXVII App.) 3. Ausg. 3 Bl. 4°. (Münch. bei Tit. German. Heutige Regierung des Röm. Reichs.) Es ist die Explicatio distincta et lucida aus dem Bedenken über die Securitas (Klopp I. 207), hier nicht ganz korrekt abgedruckt mit Weglassung des Schlusses von den Worten an: Unde sequitur Caesari, ut . . (l. c.

dafür auch abgelehnt.[1] Doch war die kleine, dem Geschmack der Zeit gewiß zusagende Schrift ziemlich verbreitet und verdient um so mehr Er=wähnung, weil sie die einzige Äußerung von neutraler Seite über die brennende Tagesfrage ist. Was sonst darüber geschrieben und gedruckt wurde, geht auf die beiden streitenden Teile zurück, auf Gravel einer= und brandenburgische Räte andererseits.

Während der erstere bei dieser schwierigen Gelegenheit seine Ge=schicklichkeit in Verdrehung der Thatsachen und Verschleierung der Wahrheit im glänzendsten Lichte zeigt, erhebt sich ihm ein schriftstellerisch ebenbürtiger Gegner in Gotfried von Jena, dem brandenburgischen Reichstagsgesandten, einem der befähigtesten Publizisten der Zeit, aus dessen Feder wohl schon vor 14 Jahren das berühmte Manifest des großen Kurfürsten „An den ehrlichen Teutschen" geflossen war.[2] Was er jetzt veröffentlicht, sind zwar nur amtliche Aktenstücke, Entgegnungen auf Gravels Protestnoten; aber jede Zeile in ihnen zeigt, daß der Gesandte hier zu einem weiteren Kreise, als dem seiner Kollegen am grünen Tische, spricht.

Nur vorsichtig, gleichsam tastend, beginnt er. In seiner ersten größeren Auslassung[3] zeigt er das für die damalige brandenburgische Politik bezeichnende Bestreben, den Kurfürsten nur als kaiserlicher Majestät Alliierten hinzustellen, sich sozusagen hinter die kaiserliche Autorität zu verstecken, während Gravel, gleichfalls bezeichnenderweise, das Vorhandensein Montecuculis und seiner Truppen auf dem Operationsschauplatz geflissentlich ignoriert. Warum, fragt Jena, erwähne Gravel den Kaiser mit keinem Worte, da Brandenburg seine Truppen gerade mit jenem vereinigt hätte? Dem Kurfürsten diene es zu völliger Rechtfertigung, daß er mit Zustimmung und im Gefolge kaiserlicher Majestät handele. Wer mit dem Kaiser ist, wird nicht fallen, und fiele er auf eine Zeit, so würde er von Gott und dem Kaiser wieder erhoben werden. Der Kurfürst wollte den Krieg nicht entzünden, und es wäre zu wünschen, daß alle so friedliebend wären,

[1] S. Klopp I. 332.

[2] So nach Erdmannsdörffer, während Münzer Schwerin für den Verf. hielt.

[3] Memoriale Gallicum Ad S. R. Imperii Status. Ratisponae Publice Dictatum Una Cum Responsione Legati Electoralis Brandenburgici, Publici Juris Non Facta. M. DC. LXXII. 4 + 22 Bl. 4°. (Wolf. Berlin.) Bisher übersehen. Es ist, so viel zu erkennen war, die erste veröffentlichte Schrift von Jena in diesem Streit.

wie er. Die Neutralität habe er in keinem Stück verletzt, keinen Teil mit Waffen, Geld oder andern Dingen unterstützt, auch nie die Absicht gehabt, den König mit Wort oder That zu beleidigen, vielmehr das ihm geschehene Unrecht mit größter Gebuld ertragen und sich nie mehr als Bitten gestattet, ohne je zu drohen.

Aber es bleibt nicht lange bei dem maskierten Spiel. Bald bricht ein anderer Ton durch, und mit schöner, von antikem Pathos schwellender Beredtsamkeit erinnert Brandenburg seine Mitstände an die Schuldigkeit, damit sie dem Vaterlande verbunden sind, und forbert sie auf, „männliche und so hoher Fürsten und Stände würdige Consilia zu ergreifen“.[1]

Auch außerhalb des Reichstags entfalten brandenburgische Federn großen Eifer, der Welt zu beweisen, daß Frankreich den Frieden des Reiches schon gebrochen habe, daß es eine müßige Frage sei, ob die Deutschen die Niederländer zu unterstützen ein Recht hätten, da der Allerchristl. König nicht zuerst die Holländer, sondern in der Person des Kurfürsten das Reich angegriffen, in dessen Landen und Städten gehaust habe in einer Weise, daß es scheine, als wäre der König „nicht sowol der Holländer, als des Röm. Reiches und des Kurfürsten Feind“; daß also auch das Reich und die Mitstände verpflichtet seien, dem Kurfürsten zu Hilfe zu kommen, in dessen Person sie selbst getroffen wären.[2] Den kühnen Entschluß, mit dem der Kurfürst sich

---

[1] Die weiteren veröffentlichten Antworten Jenas sind:
a) Der Chur=Brandenburgischen Gesandtschafft Antwort ....
   1673. 12 Bl. 4⁰. (Berl. Zahlreiche Drucke.) Auch u. b. T.:
   Kurtze / jedoch gründliche Widerlehnung .. Zwoer Schrifften /
   ... 1673. 10 Bl. 4⁰. (Berl.) Desgl. lateinisch:
   Responsio Legationis Electoralis Brandenburgicae ....
   Anno M. DC. LXXIII. 10 S. 4⁰. (Wien.)
b) Antwort der Chur=Brandenburgischen Legation, ... Anno
   M. DC. LXXIII. 10 Bl. 4⁰. (Berl.) — Beide Schriften sind datiert
   vom 4. 14. Januar 1673 und auch zusammen herausgegeben u. b. T.:
   Memoriale quod Christianissimi Regis Plenipoten-
   tiarius Ratisbonae Exhibuit cum Responsionibus ad
   Idem ... M. DC. LXXIII. 12 Bl. 4⁰. (Wolf. Berl.) Deutsch
   im Diar. Eur. XXVI und bei Londorp, Acta publ. IX. 899 ff. —
   Ausführlicher behandelt von Münzer, S. 252.
[2] Epistola Responsoria Ad J.C.L.B.A.B.... 1672. 4 Bl. 4⁰. (Wolf.)
Ein Antwort=Schreiben / auff J. C. L. B. A. B. ... Anno M. DC. LXXIII.
4 Bl. 4⁰. (Berl. Wolf.) Unterzeichnet: Datum Hamburg dem 6. Augusti St.
vet. Anno 1672. Ewer Gnaden Treu=willigster J. D. A. R. — Die Frage, ob

an die Seite der bedrängten Staaten stellt, zu rechtfertigen, ihm wo=
möglich Nachfolger zu erwecken, schreibt Paul Fuchs sein „Sendschreiben
des Sincerus Germanus an Ludwig Selden",[1] eine Broschüre von
feinem, politischem Sinn und unübertrefflicher Klarheit der Form, ein
Ereignis in der litterarischen und politischen Welt. „Die Anschläge
von Stiftung einer Universalmonarchie, womit Spanien vor diesem
soll schwanger gegangen sein, scheinen über das Pyrenäische Gebirge
gerücket zu sein und sich in Frankreich niedergelassen zu haben." Darum
sollten alle Fürsten dem Beispiel des Kurfürsten von Brandenburg
folgen, der „als ein die teutsche Freiheit liebender Potentat das ge=
meine Beste dem Privatnutzen beständig vorgezogen". Wie die Rinder
gegen den Wolf sollten alle Bedrohten zusammenstehen: das eigne Haus
ist in Gefahr, wenn es beim Nachbar brennt.

Die Rolle des Vorkämpfers gegen die französische Weltherrschaft
war Brandenburg durch die Verhältnisse aufgezwungen, und man
muß gestehen, daß es sie besser mit der Feder durchgeführt hat als
mit dem Schwert.

Es ist bekannt, welches Schicksal der hochherzige Entschluß des
Kurfürsten gehabt, wie wenig der Erfolg den Erwartungen entsprochen
hat. Es ist bekannt und braucht hier nicht erzählt zu werden, wie
der eifrige Fürst, zu schwach um allein zu handeln, angewiesen auf

---

Holland beizustehen, ist für diejenigen, welche mit ihm noch in keiner Allianz
stehen, nach ihrem Interesse zu beantworten. Die clevischen Städte aber muß
das Reich Ludwig wieder abnehmen. „Ich weiß keinen, der hieran zweifeln
sollte, es wäre dann, daß einer oder der anderer etlicher bösen wider das Vaterland laufenden catilinarischen Ratschlägen Gehör geben wolle." Daß der
Schreiber ein Brandenburger, ist hiernach wohl klar. Sollte es Jesaias Dominus
a Romswinckel sein? Der Adressat ist wohl kein anderer als Johannes
Christianus Liber Baro a Boyneburg, was auch die scharfen polemischen
Wendungen gegen die „catilinar. Ratschläge" und gegen die bestochenen Räte
(s. oben S. 35) erklärt.

[1] Sinceri Germani Epistola ... (1672). 1 lat., 4 deutsche Ausg.
neben dem Abdruck im D. E. XXVI (in deutscher, lat. und franz. Sprache).
Vgl. Salpius, Paul von Fuchs, S. 14. 16. 167 ff. — Siehe die analoge Schrift,
deren Verfasser wahrscheinlich G. v. Jena ist: Lettre De Monsieur de
Turenne, ... Avec deux autres ... Schreiben deß Herren Von
Turenne, ... Nebenst zweyen anderen an einige Freunde ... 19 S.
4°. 2spalt. franz. u. deutsch. (Berl. Gött. Wien. Münch.) D. E. XXVI. App.
— Münzer a. a. O. S. 249. Zwiedineck, Öff. Mein. 39. Beide Schriften
sind an den angef. Orten schon eingehend behandelt, weshalb hier auf ihre
Wiedergabe verzichtet werden kann. Für die erste siehe namentlich Salpius, a. a. O.

die Mitwirkung eines zweideutigen Genossen, zu einer bloßen Demon=
ſtration verurteilt war, wo er gern gekämpft hätte. Keinen beſſeren
Erfolg hatte dann auch die gegen die franzöſiſchen Bundesgenoſſen
Köln und Münſter unternommene Diverſion, mag nun der von
urteilsfähiger Seite geäußerte Verdacht begründet geweſen ſein, daß
es dem Kurfürſten dabei um Eroberung des Münſterlandes zu thun
geweſen,[1] oder nicht. Doch auch dieſe Wendung gab zu neuen publi=
ziſtiſchen Angriffen auf die zwei feindlichen Biſchöfe in specie und
die geiſtlichen Fürſten im allgemeinen Anlaß.[2] Nicht nur das Krieg=
führen wird an ihnen getadelt, als „ein ganz und zumal incompatibel
Weſen mit ihrer Profeſſion", man geht ſtellweis gar ſo weit, die Be=
rechtigung zu weltlicher Jurisdiction den Geiſtlichen überhaupt ab=
zuſprechen. Den Schaden, den Brandenburg durch ſeine Truppen
anrichte, hätten die zu verantworten, durch deren Schuld es zum
Kriege gekommen, der wohl vermieden werden konnte, wenn man
1½ Jahre früher eine Defenſivallianz mit dem Kaiſer, Spanien
und Holland ſchloß. „Daß aber eine ſolche ſo notwendige als ge=
meinnützliche Alliance verblieben iſt, und der eine hier, der andere
dort hinausgewollt, und niemand in Zeiten darzu gethan hat, hinc
illae lacrymae!"[3]

---

[1] Liſola ſchreibt am 6. Febr. 1673 an Hocher: «Optavi semper, ut Episco-
patus ille Catholicus et innocentes subditi quantum fieri posset servarentur;
suspicatus etiam semper fui, quod Elector Brandenburg. pedem illic figere
meditaretur illumque vel in totum vel in partem sibi adlicere». Deshalb
habe er auch immer die Verlegung der Operationen an Rhein und Maas ge=
wünſcht. (Wiener Staatsarch. Holland.) Für die Richtigkeit des Verdachts ſpricht
allerdings die auffallende Bekämpfung der geiſtl. Herrſchaft in gleichzeitigen
brandenburg. Schriften. Liſola kommt wiederholt darauf zurück.

[2] Kurße Fürſtellung. Auß was Urſachen Se. Churfl. Durchl.
zu Brandenburg /...Bnümbgänglich bewogen worden / wider Chur=
Cölln und Münſter die Defenſions-Waffen zuergreiffen. im Jahr
1673. 10 Bl. 4°. (Berl. Daſelbſt auch 5 anb. Drucke.) D. E. XXVI. über
die Entſtehung ſ. Urk. u. Akt. XIII. 261. Die Angegriffenen antworteten mit
einer Widerlegung Deß wider Chur=Cölln und Münſter Außgan=
genen Chur Brandenburgiſchen Manifests. 32 Bl. 4°. (Wolf.) D. E.
XXVII App. Londorp X. 1 ff.

[3] Offenherßiges Sentiment über Jeßiges Kriegsweſen. Beati,
qui esuriunt et sitiunt institiam, quoniam ipsi saturabuntur.
Matth. c. 5. Gebruckt im Jahr 1673. 4 Bl. 4°. (Berl.) 2 andere Ausg.
(Berl.) 4. Ausg. (Heib.) — Vgl. Münzer, a. a. O. 251 f.

Daß zumal der Bischof von Münster sich die härtesten Dinge sagen laffen muß, kann nicht Wunder nehmen. Man müffe, heißt es einmal, „auf folcher undankbaren und unruhigen Guckgucke Actiones Acht haben und ihnen bei Zeiten die Flügel verschneiden, sie auf ihr Meßhalten und Seelencur anweisen und ihnen den unanständigen Degen abgürten. Denn durch sie allein kommt alles Unglück her; sie sind die Hehler und Rädelsführer des Unglücks, worin unser Vater= land geraten".

Diese Worte entstammen einer Schrift,[1] die entschieden als eine der besten, wenn nicht die beste Leistung schlechthin zu bezeichnen ist, welche die Publizistik deutscher Sprache in schriftstellerischer Hinsicht damals aufzuweisen hatte. In einem Zwiegespräch zwischen „Fried= lieb" und „Freiholb" enthüllt der Verfaffer, deffen Sinnesart schon durch die obigen Worte deutlich gezeichnet ist, den Jammer der Ver= handlungen „auf dem uralten Reichstage, der viel billiger ein Reichs= säculum heißen sollte", wo „jedermann fromm und treu erscheinen und davor angesehen sein will, ob sei er der einzige, der sich um den Schaden Josefs bekümmere", wo „das Instrumentum Pacis auf allen Reichsbänken klinget, daß nicht Wunder wäre, es gingen Clavier und Saiten in taufend Stücken". Dabei spräche der schwedische Ge= fandte ganz wie ein Vafall Frankreichs, als trüge Ludwig schon die römische Krone. Die Fürsten „beherzigen den jämmerlichen Zustand nicht", sind großenteils von Frankreich gewonnen; ihre Räte „ver=

---

[1] Nachbenckliches Gespräch / welches Auff den jetzigen Ver= wirrten Zustand im Heil. Röm. Reiche absonderlich aber auf beffen Freyheit gerichtet. gehalten von Friedlieben und Freyholden So aus dem Lateinischen ins Teutsche übersetzet und Erstlich zu Freybergk A. 1673 gedruckt. 8 Bl. 4°. (Berl.) — Anb. Ausg. 4 Bl. 4°. o. Tbl. („gedruckt zu Freyberg / im Jahr 1673" Wolf. Heib.) weicht an einer Stelle ab: wo die erstgenannte Ausg. sagt: „die Lüneburger Fürsten sind uneins, zwiespaltig in der Religion und Zuneigung . . .", heißt es in der zweiten: „Teils Fürsten sind uneins" u. s. w. Daß die vorliegende deutsche Faffung wirklich aus dem Lateinischen übersetzt sei, wie der Titel sagt, ist kaum anzu= nehmen; der Ausdruck scheint durchweg dagegen zu sprechen. Über den Verf. ist mir keine gegründete Vermutung möglich. Daß es ein brand. Offiziöser sei, wie Münzer S. 251 f. meint, ist mir nach dem unten S. 55 zitierten Tadel über die Kriegführung nicht glaublich. Brandenburg hat der= gleichen nie zugegeben, vielmehr immer sein Verdienst betont. Ich gestehe, über die Frage der Autorschaft zu keiner festen Ansicht gekommen zu sein. — Vgl. Zwiebineck, Öff. Mein. 40 ff.

blendet das blinkende Gold und Silber der leidigen Luisen". Die Nachricht von der angeregten und eifrigst verhandelten „Interposition" des Reiches in dem währenden Kriege erregt am meisten Freiholds Zorn. Schuld an dem ganzen Unglück seien die Bischöfe und ihre „Collusiones mit fremden Kronen". „Nun, da der Karrn in Kot geführt worden, läuft man zwar herzu, als wollte man retten, aber man spoliiret die Waren auf dem Karrn und läßt denselben in seinem Morast stehen und verfaulen. Dieser Karrn ist die deutsche Freiheit, das deutsche Kaisertum, darauf wir alle sitzen." Alle diplomatischen Künste machen ihn nur tiefer sinken, „je mehr er mit französischen Rodomontaden beschwert wird. Drauf soll man gehen, Hebebäume unterschieben, Stricke anbinden, und mit gesamter Hand den Zug tapfer wagen, das ist, die Reichsfürsten sollten zusammentreten, der teutschen Freiheit unter die Arme greifen, die unteutsche Fremdlinge aus dem Lande jagen und ihre Satisfaction in derselbigen Lande suchen. Gott, es muß ein sonderliches Verhängnis von dir über uns obhanden sein, sonsten wäre es unmüglich, daß man so weibisch stille sitzen und des Nächsten Haus ohne Gegenwehr brennen sehen könnte". Und doch wagt auch dieser kernige Patriot damals nicht mehr zu fordern, als, man müsse eben zusehen, wie in der schlimmen Zeit, bei der fehlenden Einigkeit der Reichsstände wenn nicht ipsa morbi causa zu heben, doch die Schmerzen zu lindern seien, und „an diesem zer= rissenen Pelz flicken", so gut es ginge. «Bona tempora voto ex- petenda sunt, qualiacunque toleranda», lautet sein Schluß.

Es ist eine dumpfe, wenig zuversichtliche Stimmung, von der die gesamte Öffentlichkeit beherrscht wird. Ganz vereinzelt hören wir zwar wieder den Ton eines scharfen Weckrufes, nach der Weise jenes „Französischen Wahrsagers". „Der Hahn hat eine geraume Zeit die Flügel geschwungen, den Kamm erhoben und lustig gekrähet; sein Krähen hat in dem kleinen Niederland ein großes Schrecken gemacht. Teutschland, willst du einschlummern und die Hähne krähen lassen? Des Nachbarn Wand hat bisher gebrannt, nun kommt der Brand in euer Land. Darum Reuter zu Pferde! Der Vortrab vom Hannibal ist vor dem Tore!"[1] Aber der Ruf verhallt fürs erste, ohne ein Echo

---

[1] Germani Vigilis Ad Secure Soporatos Germanos Classi- cum, . . Germanopoli, Apud Eleutherium Gallomisum, Anno M. DC. LXXII. 8 Bl. 4°. (Münch. Helmst.) Teutsche Wächter=Stimme / Über das gefährliche Hahnen=Geschrey / In Teutschland. 8 Bl. 4°.

zu wecken, und die Ereignisse rechtfertigen nur zu sehr die gedrückte Stimmung, welche der „Friedlieb" am Schluffe des obigen „Nach=denklichen Gesprächs" äußert.

Nicht geringe Mißbilligung hat die matte Kriegführung der kaiserlich=brandenburgischen Armee gefunden, die eigentlich keine Kriegführung war. Die Zeit war vorbei, wo Lisola dem Kurfürsten öffentlich das Lob erteilt hatte, „er sei so großmütig, daß er sich stets zur Ehre anrechnen werde, einen Bund geschlossen zu haben, der allein Frankreich hindern könne, gradeswegs nach der allgemeinen Monarchie zu traben".[1] Man liebte es auf holländischer Seite, die kurfürstlichen Räte für die Schwäche der Aktionen verantwortlich zu machen, sie geradezu der Bestechlichkeit zu zeihen. Auch öffentlich schrieb man die Verzögerung „den ungleichen und auf ihren eigenen Nutzen allzu sehr sehenden Gemütern der im Kriegsrat sitzenden brandenburgischen Großen" zu.[2] Selbst der „Freihold" jenes vorhin erwähnten „Ge=sprächs" tadelt die Alliierten, daß sie „dergestalt kleinmütig in der Reserve gelegen und ihre Freunde und Mitstände ausgezehrt, bis sie Ursach hätten, sich mit Beziehung der Winterquartiere zu entschuldigen".

Vollends allgemein wurde dies üble Gerede, als im Mai der Kurfürst wirklich den Separatvertrag von Vossem abschloß. Er stand nie im Rufe besonderer Festigkeit, seine Politik galt für unbeständig, unzuverlässig, man war an plötzlichen Wechsel bei ihr gewöhnt. „Wer im Gewinn ist, mit dem halt' ich's", läßt man den Brandenburger schon früher einmal sagen,[3] und von den Wendungen im Nordischen Kriege urteilte Leibniz: „Brandenburg marchandirte: wer mir am meisten gibt, dem adhärire ich".[4] In diplomatischen Kreisen behauptete

(mit Holzschnitt im Titel) (Gött. Wolf.). Anb. beutsche Ausg.: ... German-stabt / Gedruckt im Jahr 1674. 6 Bl. 4°. (Berl.) — Zwiebinecs, Öff. Mein. S. 44. Weller nennt als Verf. F. A. Bonne, der wohl mit Aug. Friedr. Bone (war nach Jöcher Hofmeister und später Rat des Herzogs Georg Wilhelm von Brieg [† 1675] und lebte 1635—92) ibentisch ist. In der Allg. beutsch. Biogr. (unter „Georg Wilhelm, Herzog von Brieg") wird er Aug. Fr. Bohne genannt.

[1] Remarques sur le discours de Gremonville, f. unten S. 60.

[2] Reiffes Bedenken Einer Staats=Person im Haag .... ben 13. Januarii 1673. 4 S. 4°. Diar. Eur. XXVII App. Scheint aus den Kreisen der holländ. Friedensfreunde zu stammen. Die angehängte Vber=legung dieses Bedenkens ist von einem entschiedenen französ. Parteigänger verfaßt.

[3] Französ. Traplierspiel, f. oben S. 22.

[4] (Klopp I. 169. II.)

man, wenn der Kurfürst eben mit einer Partei einen Vertrag abge=
schlossen, knüpfe er sogleich mit der andern an, und ein Holländer bezeichnet
ihn und seine Minister im Schließen und Vernichten von Verträgen
als «wonderliberael».[1] Daß solche nicht ganz grundlose Urteile durch
den Vertrag von Vossem nur neue Nahrung erhielten, läßt sich denken.
Namentlich in Holland soll man, nach eigenem brandenburgischen
Zeugnis, den Kurfürsten „einen Betrüger genannt und seinen Namen
für einen Greuel gehalten haben".[2] Dort wie in Deutschland war
die allgemeine Ansicht, die kurfürstlichen Räte seien von Frankreich
erkauft, oder wie eine Schrift sich ausdrückt, sie „lägen an der Geld=
sucht darnieder und wären in die Cur M. Verjus geraten; dieser
listige und fuchsschwänzige Doctor hat ihnen die Puls und Herzgruben
mit dem ungedestillirten auro numerabili ziemlichermaßen präserviret".
Eine Ausnahme sollte darin der alte Derfflinger bilden, „der keinen
französischen Magen hat, sondern vielmehr wünscht, seine alte Faust
in dem Blute der prahlenden Franzosen zu waschen". Er sollte auch
von dem ganzen Feldzug gesagt haben, „die Franzosen hätten keine
Not oder Gefahr, so lange die französischen Pistolen auf den Tischen
in Berlin klingen, so lange würde keine im Felde gelöset werden",
u. dgl. m.[3]

Überhaupt galt damals der große Kurfürst für ganz abhängig von
seinen Räten, denen man nachsagte, daß sie ihn förmlich ausplünderten.
„Nicht will ich sagen", meint der eben zitierte Gewährsmann, „daß
Ihre Kurfürstl. Durchl. wegen des Verstandes zu verachten sei, denn
Gott selbige durch Dero Tapferkeit so hoch erhaben, als von dessen
Vorfahren nimmer geschehen. Aber die ganze Welt weiß, daß dieser
sonst kluge, tapfere Herr sich der Ratsfolge seiner Räte sehr bedienet. Der
gnädige und allzu gute Kurfürst glaubet zu viel denen Eigennützigen,
und wer sein Herze einmal in Händen hat, kann die Lenkung nach
seinem Willen einrichten. Er ist zwar der mächtigste Herr im Reich
an Ländern und Unterthanen, aber ich schwöre, er sei schier der ärmste
an barem Gelde. Seine Diener und Räte haben dessen einen Über=
fluß und können öfters vorschießen oder durch Juden practiciren, daß
der Herr mit seinem eignen Fett betrüppet wird."[4]

---

[1] Peter, Krieg des gr. Kurf. 198.
[2] Relation vom Auf= und Abzug, s. unten.
[3] Götterb. Mercur.
[4] Ebenda. Diar. Eur. XXIX App. p. 141 f.

Der Kurfürst hat, wie später bei anderer Gelegenheit,[1] so auch nach dem Vertrage von Bossem der allgemeinen Verurteilung gegen= über eine öffentliche Rechtfertigung seines Schrittes für angezeigt ge= halten. In Form eines Schreibens an einen von den Generalstaaten[2] läßt er auseinandersetzen, was ihn dazu bewogen, ja gezwungen. Mit überraschender Offenheit deckt er hierbei die ganze politische Lage auf, wie sie ihm erschienen sein mag, gesteht er ein, daß er nur als des Kaisers Bundesgenoß habe handeln können, aber auch dies habe auf= geben müssen um der eigenen Sicherheit willen, nämlich aus Besorgnis vor einem schwedischen Angriff und — aus Mißtrauen gegen den Kaiser![3] Er beruft sich auf seine Verdienste im nordischen Kriege, wo er allein der französisch=schwedischen Politik Stand gehalten und durch diese „Waghaltung" das Haus Österreich vor dem Verderben gerettet; er erinnert, daß „Brandenburg allezeit getrachtet habe, die teutsche Freiheit beschützen zu helfen", daß er auch die Niederlande zeitig vor der drohenden Gefahr gewarnt und, als sie „fast wie in Verzweiflung stunden", der einzige gewesen, der ihnen beigestanden; er hofft endlich, man werde von der schlechten Meinung lassen, über ihn, „welcher vor diesem die Tartarn und Schweden wissen zu über= winden".

Immerhin war die Thatsache nicht aus der Welt zu schaffen, daß Brandenburg bei seiner ersten „so generös gefaßten Resolution" nicht verharrt, daß es den Kampf für die „teutsche Libertät" auf= gegeben hatte. Wie anders klang es doch, wenn der Kurfürst jetzt zur Erklärung seiner Handlungsweise sich darauf berief, „daß er mehr für sein eigenes als für eines andern" sorgen müsse, „sintemalen die rechte Liebe von ihr selber anfähet",[4] — wie anders klang dies als jene stolze Versicherung des Sincerus Germanus, daß der die teutsche

[1] Wegen des unglücklichen Feldzugs im Elsaß 1674; s. Droysen, Ab-handlungen 351.

[2] Relation von dem Auf= und Abzug S. K. D. zu Brandenburg längs und um den Rhein. Diar. Eur. XXIX App. II. 105—112. Voll interessanter Einzelheiten, wenn auch natürlich nicht sehr zuverlässig. Ob die Rechtfertigung in einzelnen Punkten mehr als eine Ausrede ist, kann hier dahin= gestellt bleiben.

[3] Z. B.: „So war auch die Eifersucht der kaif. Oberbefehlshaber und einiger Ministern so groß, daß sie nicht sehen konnten, daß ein Unkatholischer den Oberbefehl über ihre Völker haben sollte", u. a. m.

[4] Ebenda.

Freiheit liebende Potentat „das gemeine Beste dem Privatnutzen be=
ständig vorgezogen!"

Damit verstand es sich von selbst, daß die Teilnahme Branden=
burgs auch an den publizistischen Kämpfen von nun an aufhörte. In
den folgenden Monaten und Jahren ist es aus der Reihe der litterarischen
Gegner Frankreichs verschwunden, und als es wieder in den Krieg
eingreift, richten sich die Angriffe seiner Federn nach einer andern
Seite: die Bekämpfung Schwedens ist von da ab ihre Aufgabe, im
Felde, wie in der Presse.

Die nächste Folge vom Rücktritt Brandenburgs ist ein Erstarken
der vermittelnden Tendenzen. Die kleineren deutschen Staaten, geführt
von Schweden, dringen auf Bildung einer dritten Partei, Pläne einer
Art bewaffneter Neutralität zwischen Frankreich und dem Kaiser, mit
dem Zweck, einen kriegerischen Zusammenstoß ·dieser Mächte zu ver=
hindern, werden besonders in Dresden und München geschmiedet. [1]

Ihren litterarischen Niederschlag haben sie gefunden in einer
„Kurzen Vorstellung, was einige der vornehmsten Reichsfürsten un=
gefähr um Ostern b. J. 1673 hätten vornehmen sollen", einer Schrift,
die am baierischen Hofe entstanden zu sein scheint. [2] Noch lange gehen
die Machinationen zur Bildung eines Sonderbundes deutscher Fürsten
fort; einzelne von ihnen wenden sich an den Kaiser mit Abmahnungen
vom Kriege, als jener sich zur Bekämpfung Frankreichs entschließt.
Verjus und andere französische Agenten hetzen die Fürsten auf, erregen
den stets bereiten Argwohn, daß es dem Kaiser nur darum zu thun
sei, Truppen ins Reich zu führen, um hier seinen Einfluß zu stärken. [3]
Wieder beginnt man eine Rückkehr der alten Ferdinandischen Zeiten
mit ihren habsburgischen Alleinherrschaftsgelüsten zu fürchten, und selbst
ein einsichtiger Mann, wie Otto von Schwerin, glaubt nur die Wahl
zwischen Unterdrückung durch Frankreich oder durch den Kaiser zu sehen. [4]
Auch der Kurfürst von Brandenburg beteiligt sich an den Versuchen,

---

[1] Vgl. Auerbach, La polit. franç. et la cour de Saxe, p. 357 ff.

[2] Dies ergiebt sich aus einer Vergleichung mit dem in den Beilagen XV
wiedergegebenen Schreiben des Kurfürsten Ferdinand Maria an den Mainzer.

[2] Dies ist der Inhalt des äußerst geschickten Schreibens des Ant. de Verjus
an Ernst August von Osnabrück abgedr. Theatr. Eur. IX. 35 (fälschlich zum
J. 1672, das Schreiben ist vom 10. Aug. 1673); desgl. auch in der später zu
erwähnenden Entgegnung Lisolas (La Sauce au Verjus).

[4] v. Orlich, Gesch. d. preuß. Staats II. 198. Peter, a. a. O. 194.

Leopold vom Kriege zurückzuhalten,[1] wiewohl spät und in einer Weise, daß es den Anschein hat, als sei es ihm dabei nicht sonderlicher Ernst.[2] Die Antwort konnte gerade ihm gegenüber nicht schwer fallen: sie brauchte sich nur ganz derselben Gründe zu bedienen, durch welche Friedrich Wilhelm selbst im Vorjahre die Kriegserklärung zu erwirken gesucht hatte. Die Rollen schienen vertauscht.

Denn inzwischen war die andere Frucht des Vossemer Vertrages zur Reife gekommen. Die plötzliche Abwendung des Brandenburgers hatte dem Kaiser endlich die Augen darüber geöffnet, daß es nun nicht mehr genügte, zu demonstrieren, daß es galt, ernsthaft zu handeln, sollte der Gefahr noch rechtzeitig begegnet werden. Welche besonderen Motive dabei noch mitgewirkt haben, um diesen Umschlag zu vollenden, ist hier nicht auseinanderzusetzen. Es scheint, als hätten sehr unliebsame Entdeckungen über Vorgänge am eigenen Hofe dabei eine bedeutende Rolle gespielt.[3] Die Haupturfache war doch wohl der Abfall Branden= burgs. Er veränderte mit einem Schlage die ganze Situation, er hat nicht geringen Schrecken bei allen Beteiligten hervorgerufen. In diesem Zeitpunkt war es, daß Lobkowitz seinen Einfluß, wenn auch noch nicht seine Stellung verlor, während die Richtung Lisolas durchdrang. Der Kaiser faßte den Entschluß, eine wirklich europäische Politik zu treiben, wie sein Rang und seine Machtstellung sie von ihm forderten. Nicht plötzlich allerdings vollzog sich dieser Umschwung — dazu waren weder Verhältnisse noch Persönlichkeiten angethan —, aber schon bald zeigen sich die ersten Symptome eines völlig veränderten Verhältnisses gegen= über Frankreich, und zwar gerade in der litterarischen Bewegung am

---

[1] Inhalt deß Anbringens / von Sr. Churfürstl. Durchl. zu Brandenburg. Herrn Abgeordneten / Freyherrn von Marenholtz in Gräz geschehen / und die darauf-gnädigst ertheilte Kaiserliche Erklärung / vom 10 [20.] und 23 October 1673. 8 Bl. 4°. (Wolf. Berl.) Die Publikation erfolgte von Wien aus und wurde an die kaiserl. Vertreter im Auslande versandt. 16. Nov. berichtet Kramprich aus dem Haag, daß er die Kopie des Marenholtzschen Memorials erhalten hat und einige Exemplare davon verteilen wird. (Wien. Arch.) — Vgl. Peter, a. a. O. 194.

[2] So urteilt auch Lisola, Entretien sur les affaires du temps (D. E. XXIX. 81): «Brand. a fait le même, et peut être, avec moins de chaleur et d'empressement, et plutôt pour se défaire des importunités des autres ...»

[3] Am 25. Mai 1673 schreibt Hoftanzler Hocher an Lisola: «Brevi respondeo de conspiratione detecta me nihil scire. Multi tamen opinantur, posse Caesarem de uno aut altero diffidere». (Eigenh. Conc. Wien. Arch. Holl.)

erſten. In die erſte Reihe des Federkampfes rücken ſeit Branden=
burgs Abkehr kaiſerliche Schriftſteller, welche die gute Sache gegen
franzöſiſche Angriffe, Verdrehungen und Verdächtigungen mit Geſchick
und gutem Erfolg verfechten, ja deren Leiſtungen oft zu dem beſten
gehören, was die Zeit auf dieſem Gebiete hervorgebracht hat.

Je weiter nach dem verunglückten Winterfeldzug die kaiſerliche
Armee ſich zurückzog, um ſo tiefer drang Turenne ins Reich ein, um
ſo rückſichtsloſer trat auch die franzöſiſche Diplomatie mit ihren An=
ſprüchen hervor.

Am 1. Mai fordert Gravel in Regensburg die Stände auf,[1]
den Kaiſer zum Frieden zu zwingen, ſeinen Truppen den Durchzug
zu verweigern. Wenige Wochen darauf (18. Juni) ergeht ein Antrag
König Ludwigs an die mächtigſten Fürſten, ihm durch Bildung eines
Garantiebundes die Neutralität des Kaiſers zu verbürgen, falls dieſer
ſich nicht freiwillig zu einer ſolchen bereit erklären wolle. Aber die
Antwort bleibt nicht aus. Eine ſcharfe Abfertigung erfährt jene Note
vom 1. Mai.[2] Amt und Eid verpflichteten den Kaiſer zur Ver=
teidigung des Reiches, deſſen Friede durch Frankreich längſt gebrochen
ſei, ungeachtet aller eitlen „Wortverſicherungen" von Sorge um den
Weſtfäliſchen Frieden und die Ruhe des Reichs. Nur auf Einigung
mit dem Kaiſer ſollten die Stände denken, am Speierer Reichsſchluß
von 1544 ſich ein Muſter nehmen, Frankreich zu bedingungsloſer Ab=
führung ſeiner Truppen vom Reichsboden, zum Erſatz des angerichteten
Schadens zwingen.

Vollends als der franzöſiſche Antrag des Garantiebundes geſtellt
wird, da erſcheint Liſola wieder auf dem Plan. Seit jenen umfaſſenden
Enthüllungen über die franzöſiſchen Ränke im Frühjahr 1672 hat er
nur einmal inzwiſchen zur Feder gegriffen, um auf einen hochfahrenden
und anmaßenden Vortrag Gremonvilles mit Schärfe und Witz, aber
mehr in perſönlicher Weiſe zu antworten (Ende 1672).[3] Nun als in

---

[1] Diar. Eur. XXVII App.
[2] Anmerkungen über die Schrift . . . Beilage XVI.
[3] Remarques Sur le Discours Du Commandeur de Gremonville, Fait au Conseil d'Estat De Sa Majesté Imperial. A la
Haye, Chez Arnout Leers, le file. M. DC. LXXIII. 47 S. 4°.
(Berl.) Anmerkungen Auff die Rede / die der Commandeur von
Gremonville vor Denen Herren Räthen Der Röm. Kähſerl. Majeſtät
in Wien abgeleget. Auß dem Franzöſiſchen. Amſterdam Vor Jacob

Wien die entscheidende Wendung sich vollzieht, zeigt der rastlose Eiferer eine erstaunliche Thätigkeit im Schreiben und Veröffentlichen. Unter der Maske eines reichsfürstlichen Staatsrats[1] thut er gegenüber jenem Antrag vom 16. Juni die Nichtigkeit der französischen Versicherungen von Friede und Ruhe im Reich dar, die gleich der Stimme der Hyäne den Wanderer verlocken, damit er verschlungen werde; weist er an der Hand der Thatsachen nach, daß Frankreich sich durch keinen Friedens= schluß, keine beschworenen Verträge an der Verfolgung seiner Pläne hindern lasse, daß es implicite bereits Anspruch auf die Rheingrenze erhebe, indem es seine Truppen nur über diesen Strom zu führen verspreche, als läge jenseits kein Reichsland mehr, als sei der Rhein die „Äquinoctiallinie", jenseit deren alles dem primo occupanti gehöre.

Die vorgeschlagene Garantie durch die mächtigsten Fürsten bezwecke nichts Geringeres als die Wiederherstellung des Rheinbundes, der nach Lisola die Quelle und der Sauerteig alles vorhandenen Unheils ist. Ludwig nenne nur solche Fürsten, die er schon so gut wie ganz be= herrsche, wie Köln, Münster und Baiern — das wohl ebenso wie Kurpfalz durch ein Weib verführt werden könnte —, wie Hannover, dessen Herzog ein viel zu guter Ehemann und von Frankreich bezahlt sei. So daß es nur darauf abgesehen scheine, den neuen Kurfürsten von Mainz in die Bahnen seines Vorgängers zu locken, ihn zu über= reden, daß er mit dessen Amt auch seine Meinungen übernommen habe. Wenn der Kaiser die Waffen ergreife, so thue er nur, wozu ihn sein Amtseid verpflichte; denn Frankreichs Truppen hausen im Reich wie Räuberbanden, es „giebt uns Maulschellen in unseren eigenen Häusern und verspricht damit aufzuhören, wenn wir uns nicht rächen".

Blumenbahl / Buchhändl. 1673. 48 S. 4°. (Berl.) Stimmt in der An= ordnung der Anmerkungen mit dem französ. Orig. nicht ganz überein. Die (übrigens miserable) deutsche Übersetzung auch Diar. Eur. XXVII 129—84. Erschien schon 1672, nach Relation Kramprichs vom 26. Dez. 1672: „Man hat allhie gesehen die Copie von einem italianischen Discurs, welchen der Gremon= ville in einer Conferenz bei E. K. Ministris vor etlichen Monaten gethan haben soll ... Man hat darauf eine Antwort gemacht, worin seine rationes wider= legt und seine schimpfliche Wörter ihm zur Schand ausgedeut werden .." Da= nach, wie auch nach dem Inhalt, ist Lisolas Autorschaft wohl wahrscheinlich, aber nicht unbedingt sicher.

[1] Memorial des allerchristl. Königs nebenst Schreiben eines reichsfürstl. Staatsrats ... Beilage XVIII.

Gegen die Bemühungen einiger Fürsten, den Kaiser zum Waffen=
stillstand zu bewegen, eine „dritte Partei" im Reich zu bilden, wendet
sich Lisola bald darauf mit ähnlichen Gründen wie den eben gehörten.
Der Kaiser greift durchaus nicht um der Holländer willen zu den Waffen,
sondern wegen der Folgen, die ihre Vernichtung für Kaiser und Reich
haben müßte; er unternimmt gar keinen Krieg, sondern nur eine
rechtmäßige Verteidigung des Reichs, wie sie ihm durch seine Kapi=
tulation zur Pflicht gemacht ist. Turenne hat so lange im Reich nach
Belieben gehaust — laßt uns nun sehen, ob das Futter in Frankreich
ebenso gut ist, wie jener es in Deutschland fand! Allen Grund aber
hat der Kaiser, den schönen Reden solcher Fürsten, wie Baiern und
Pfalz=Neuburg, zu mißtrauen, die eine von Verjus ausdrücklich gebilligte
Allianz im Reich zu stande bringen wollen. Aber dieser Plan ist zu
wenig dem Interesse der beteiligten Fürsten gemäß, sowohl Branden=
burg als Braunschweig wird sich lieber an Holland als an Schweden
anschließen, wie man von ihnen verlangt, «et la sauce court risque
de ne pas être des meilleures, puisqu'on y met trop de verjus».[1]
    Zu einem Hauptschlage holt Lisola in dieser Zeit aus, indem er
es unternimmt, die Ausstreuungen zu widerlegen, welche Verjus in
seinem offenen Brief an den Administrator von Osnabrück, Ernst
August von Braunschweig=Lüneburg, verbreitete: der Kaiser, nur im
Interesse Hollands und Spaniens thätig, wolle diese Gelegenheit zur
Unterdrückung der Fürsten benutzen. Die Abfertigung, welche Lisola
einem alten Gegner erteilt — La Sauce au Verjus[2] nennt er sie
— läßt an Gründlichkeit und Schärfe nichts zu wünschen übrig;
denn „dieses Narren Krankheit will sich nicht anders, dann mit
Kolbenlausen curiren lassen". Verjus ist nur ein waghalsiger Prahler,
vor dessen Aufschneidereien jeder rechtschaffene Franzose Ekel empfindet,

---

[1] Entretien sur les affaires du temps. Discurs über die
Händel heutiger Zeit..Im Jahr 1674. Diar.Eur. XXXI. 89 ff. Abgefaßt
im Oktober 1673, da die Marenholtzsche Sendung (s. oben S. 59) erwähnt wird,
Montecuculi aber offenbar noch nicht am Rhein angelangt ist. Lisolas Autor=
schaft erhellt schon aus dem letzterwähnten Wortspiel (vgl. Beil. XIX), ebenso
aus mehrfacher Bezugnahme auf die Rede des Erzb. von Embrun (Beil. XX), auf die
Verhandlungen in der Rheinbergischen Streitfrage (s. oben S. 31 f.) und der völligen
Übereinstimmung der Argumente mit dem, was wir sonst aus dieser Zeit von
ihm besitzen. Die Berücksichtigung, welche der Neuburger hier erfährt, findet sich
gleichzeitig auch in L.'s Gesandtschaftsberichten, ganz in derselben Weise.
[2] Beilage XIX.

ben sein Hof nur duldet, wie in einer guten Haushaltung auch saure Trauben als verjus (Kochwein) zur Verwendung kommen. In sachlicher Beziehung kommt der Gegner natürlich nicht besser weg: er verfährt nur nach Art derer, die den Leuten in ihren Häusern Gespenster vormalen, um bessere Gelegenheit zum Stehlen zu erlangen. Mit unwidersprechlicher Konsequenz erweist Lisola die Nichtigkeit all jener Verjusschen Verdächtigungen, zeigt er, wie man dem Kaiser auf solche Weise nicht einmal die Rechte jedes einfachen Reichsfürsten mehr lassen wolle, da er doch als Oberhaupt zur Verteidigung des Reiches nicht nur berechtigt, sondern auch verpflichtet sei; stellt er die loyale Regierung Leopolds in wirksamen Gegensatz zu den französischen Prätentionen, da Aubery und Konsorten das Römische Reich wie eine Dependenz der französischen Krone behandeln, während Österreich sich stets mit der Wahl der Kurfürsten begnügt habe. — Ähnliche Gedanken, wie diese hochbedeutsame Staatsschrift, führt auch eine witzige, von schneidender Ironie erfüllte Abfertigung aus, mit der Lisola um dieselbe Zeit die überschwenglichen Lobpreisungen des Erzb. von Ambrun (Georges d'Aubusson de la Feuillade) auf Ludwig XIV. vernichtet, indem er den grellen Gegensatz zwischen des letzteren tönenden Phrasen und der Wirklichkeit der Thatsachen vor Augen führt.[1] „Zum Freunde magst du den Franzosen haben, aber nie zum Nachbar", das ist die Lehre, die er seinen Zeitgenossen predigt, denn „Nachbarschaft" scheint nach französischer Auffassung — wenigstens jenes Erzbischofs — das Recht zur Unterdrückung und Eroberung zu verleihen.

Überall tritt Lisola in dieser Zeit als Herold der deutschen Freiheit gegen die „französischen Federspitzer" in die Schranken; ihre „ausgestreuten Schmähkarten", ihre „mit vielen heiligen Worten verteufelten Schriften" finden ihn jedesmal zur schlagfertigen und stets vernichtenden Abwehr bereit.

Wenn Frankreich erklären läßt, es könne seine Truppen nicht eher aus dem Reich abführen, bis es der Neutralität des Kaisers versichert sei, so ist es Lisola nicht schwer, mit schneidender Schärfe darzuthun, daß jenes ganz allein der Angreifer ist. Weil es im Mai 1672 „keinen andern Weg zur Fleischbank, als durch die Sacristei zu finden wußte", brach es ins Reich, in Köln und Lüttich ein, brach nicht nur den Frieden von Münster und den von Aachen, sondern auch den

---

[1] Der französ. Redner . . . Beilage XX.

Wiener Vertrag vom November 1671, um jetzt zu verlangen, daß der Kaiser, das Haupt des Reiches, dies dulde, auf Bestrafung der überwiesenen Verräter Köln und Münster verzichte und jedem Vasallen gestatte, seine Autorität zu verkleinern. Der Krieg richte sich zwar zunächst nur gegen die Niederlande, sein letztes Ziel aber seien die Reichslande und Städte am Rhein, „das Schwarze, wonach alle französischen Pfeile abgeschossen werden", ist die Wahl eines andern Kaisers. Dagegen sind alle französischen Versicherungen, so schön sie klingen, nichts zu achten, „denn ach, der Baum französischer Verheißungen findet nie einen Ort oder bequemen Luft zu der Frucht!" „Sie wollen dich, o tapferes Teutschland, unter das Joch zwingen und eine knechtische, leibeigene Provinz aus dir machen. Sie wollen deine kaiserliche Krone, dieses unschätzbare Kleinod, in Frankreich versetzen, mit deinen Kurfürsten und Städten nicht anders umgehen, als mit Lothringen, Trier und dem Elsaß." [1]

Man staunt, wenn man die rastlose Thätigkeit dieses interessanten Mannes beobachtet: wie er neben angestrengtester diplomatischer Arbeit immer noch Zeit und Kraft findet, in seinen glänzend geschriebenen Broschüren an der Öffentlichkeit für seine Ansicht zu wirken, an der Aufklärung des öffentlichen Urteils unermüdlich zu arbeiten; immer geistvoll und fesselnd, vielfach Aufschlüsse bietend, die für zeitgenössische Leser ohne Zweifel den Reiz sensationeller Enthüllungen hatten; oft auch mit derber Persönlichkeit, zumal wo er auf „die unerhörte Boshaftigkeit der franzmannisirten Fürstenberger" zu sprechen kommt, „die einige Ursache dieser unverantwortlichen Proceduren", „welche immerdar schwören Candida de nigris et de candentibus atra", welche „die klügste teutsche Fürsten teuflischer Weise tentiret und angestochen"; denen auch, „in specie dem von Straßburg (Bipedum nequissimus Ego), als unverschämten Zerstörern der gemeinen Wolfahrt", alles erlaubt sein soll, „wann sie nur der guldenen Lilien Schatten anbeten und herstammeln können: Viva la Francia!" Nicht müde wird er, die falschen Vorwände von Ausbreitung der katholischen Religion u. dgl. zu widerlegen, den Kaiser Leopold als den gerechtesten und mildesten Herrscher zu preisen, ebenso das Haus Österreich, das niemals seine Nachbarn anders als zum eigenen Schutze bekriegt, und dem französischen Grundsatz nicht huldigt, „daß es mit seinen Waffen

---

[1] Der abgefertigte französische Apologist . . Beilage XXI.

eigenen Gefallens die Herrschaften seiner Benachbarten überfallen möge".[1] Offen und rückhaltlos spricht er es aus, daß Frankreich gegenüber nur in ferro salus ist, daß das Ziel des gegenwärtigen Krieges kein anderes sein dürfe, als mit vereinten Kräften den Zustand wieder herzustellen, wie er durch den Westfälischen Frieden geschaffen war.[2]

Doch schon ist Lisola nicht mehr der einzige, der zu so energischem Handeln rät. Schon vernehmen wir auch aus protestantisch reichs= fürstlichem Lager die Stimme eines wohlunterrichteten und wohl= gesinnten Patrioten, der ganz ähnliches verlangt und damit eine feine, geistvolle Erörterung der inneren Reichszustände verbindet.[3] Mit einem gründlichen, von Sachkenntnis und echtem Patriotismus er= füllten Gutachten über die gesamte äußere wie innere Politik wendet er sich an Kurfürsten und Stände des Reichs. Frankreichs Dichten und Trachten, das allein dahin geht, dem Reich „gefährliche Netz und Stricken zu legen", ist der Ausgangspunkt der Betrachtung; sein Streben nach Beherrschung des Rheins bedroht das Dasein des Reiches, deshalb kommt es im Augenblick (d. h. im Spätsommer 1673) vor allem darauf an, die Unterwerfung der Niederlande zu verhindern, zur Zeit des letzten Bollwerks. Gegenüber der mächtig drohenden französischen Ausbreitung erscheint das Reich in seiner inneren Zer= rüttung ohnmächtig, kraftlos. Darum gilt es, im Innern den Frieden herzustellen, vor allem den kirchlichen. Religions= und Bekenntnis= freiheit ist die ausgesprochene Forderung dieses aufgeklärten Politikers: ein jeder soll seines Glaubens leben dürfen, so wären Haupt und Glieder vereint, dem Gezänk der Theologen und den gewaltsamen Bekehrungen gleichzeitig ein Ende gemacht, worüber bisher das wahre Christentum völlig vernachlässigt wurde.[4] Aber auch die leeren Kom=

---

[2] Franz. Redner.

[2] Abgef. Apologist.

[3] Wolmeinende Erinnerungen ... Beilage XVI.

[4] Es erfolgte sofort eine Entgegnung von lutherisch-theologischer Seite: Bedencken über einige Gedancken Der Wohlgemeynter Erinnerung / ... Betreffend den Religions=Frieden. Gedruckt im Jahr 1673. 8 Bl. 4°. (Wolf.) Briefform, dat. 27. Sept. 1673. (Dies ergiebt den Endtermin für das Erscheinen der „Wolm. Erinn.", sowie daß diese und nicht der „Hoch= teutsche Reichssecr." die erste Ausgabe der Schrift darstellen.) Der Gegner protestiert gegen das Urteil eines Politikers in geistlichen Dingen, findet außer= dem den Vorschlag gefährlich. Es könne Gott nicht wohlgefällig sein, wenn er „an demselben Ort zugleich Lästerung von den Abtrünnigen und Ehre von seinen

petenz= und Rangstreitigkeiten der Fürsten untereinander müssen beigelegt, für bessere Justiz und besseres Kriegswesen gesorgt werden. Alsdann müßte man sich mit dem Kaiser einigen, „das alte Vertrauen zwischen Haupt und Gliedern wieder aufrichten", wie es „die Pflicht, da wir mit Gott und dem Kaiser verbunden, erfordert". So gekräftigt, müßte sich Deutsch= land in den Mittelpunkt eines Weltbundes gegen Frankreich stellen, von des letzteren Bekämpfung aber nicht eher abstehen, als bis ihm alle Macht genommen, künftig noch nach der „Monarchie und allgemeinen Beherrschung" zu streben. — Wenn dieser edel denkende, nur leider zu optimistische Patriot gelegentlich auch ein scharfes Wort für den „geistlichen Regierschwindel" hat, der „gutes Teils die bisherigen Mis= helligkeiten im Reich angerichtet", wenn er sogar zur Gewinnung von Kurbrandenburg, Lüneburg und Hessen umfassende Säkularisationen auf Kosten von Münster, Hildesheim und Kurköln zu fordern sich nicht scheut, so kommt einem wohl die Erinnerung an das „große Vor= haben am Rhein", das Graf Walbeck einst als kurbrandenburgischer Minister gehegt hatte, und die Vermutung darf vielleicht ausgesprochen werden, daß er auch dieser umfassenden Denkschrift nicht ferngestanden hat, welche solchergestalt die alten Ideen des weitblickenden Patrioten mit seinem letzten Ziele, der Bekämpfung Frankreichs, in Verbindung setzen würde.

geliebten Kindern genösse". Wo viele Religionen angetroffen werden, da müssen sich auch Götzendienst und Gottlosigkeit einfinden. „Ist dies nun einem Christen geziemend geraten, dem großen Gott den geringen und reinen Raum, den er für sich ausersehen, auch nicht mehr gönnen?" Zarte Gemüter würden Anstoß nehmen, wenn sie hier die Lästerung der Katholischen, dort die der Calvinisten anhören müßten. Dadurch würde die Eintracht nicht befördert. „Es ist kein Zweifel, es würden die unruhigen Landsknechte, des hinkenden Soldaten Loyola Herren Söhne, überall Quartier für sich begehren." Von Rom, vom colleg. de propaganda fide aus geleitet, würden sie bald auch die Unterthanen gegen die Obrigkeiten aufhetzen.

# Vita.

Geboren am 16. (4.) Oktober 1865 auf Pastorat Keinis (Ruß=
land, Gouv. Estland), wo mein Vater, nachmals Superintendent zu
Reval, zur Zeit Pfarrer war, besuchte ich von 1876—83 die estländ.
Ritter= und Domschule, und bezog im August 1883 die Universität
Dorpat, an der ich mich unter Leitung vornehmlich der Herren Proff.
Hausmann, Brückner und Walz dem Studium der allg. Gesch. widmete,
und dieses Studium im August 1888 absolvierte. Auf Grund der
abgelegten Prüfung und einer eingereichten Dissertation über „Die
Thronbesteigung der Kaiserin Katharina I.“ (abgedruckt in „Russische
Revue“ 1890) erhielt ich im Mai 1889 den Grad eines Kandidaten
der allg. Gesch. und nach weiterer Prüfung im September ej. a. den
eines Oberlehrers der Geschichte. In der Zwischenzeit in verschiedenen
Häusern als Lehrer thätig gewesen, begab ich mich zum Wintersemester
1890/91 behufs Fortsetzung meiner Studien nach Berlin, wo ich die
Vorlesungen der Herren Proff. Schmoller, Wagner und Koser hörte,
und zum Sommer 1891 nach Heidelberg, wo ich an den Vorlesungen
und Übungen der Herren Proff. Erdmannsdörffer und Winkelmann
teilnahm.